**아무도 알려주지 않는
돈 이야기**

DAREMO OSIETEKURENAI OKANE NO HANASHI
By HIROE UDA, MASATO IZUMI
Copyright ⓒ 2010 HIROE UDA, MASATO IZUMI
All rights reserved.

Original Japanese edition published in 2010 by SANCTUARY PUBLISHING, INC., Tokyo.
Korean translation rights arranged with SANCTUARY PUBLISHING, INC., Tokyo.
And BOOK21, Korea through PLS Agency, Seoul.
Korean edition rights ⓒ 2013 by Book21, Seoul.

이 책의 한국어판 출판권은 PLS Agency를 통해
SANCTUARY PUBLISHING, INC.와 독점계약한 (주)북이십일에 있습니다.
저작권법에 의해 한국 내에서 보호를 받는 저작물이므로
무단전재와 무단복제를 금합니다.

일러두기
- 이 책을 일본어판을 한국어판으로 옮기면서 화폐단위를 '엔(円)'에서 '원'으로 표기하고 본문에 나오는 금액은 우리나라 실정과 물가에 맞춰 수정했습니다.
- 이 책에 나오는 각종 제도는 현재 우리나라에서 시행되거나 나와 있는 상품을 기준으로 삼았습니다.
- 독자들의 오해를 불러일으킬 만한 부분은 한국어판 감수자와 옮긴이가 본문 하단에 간명하게 설명해놓았습니다.

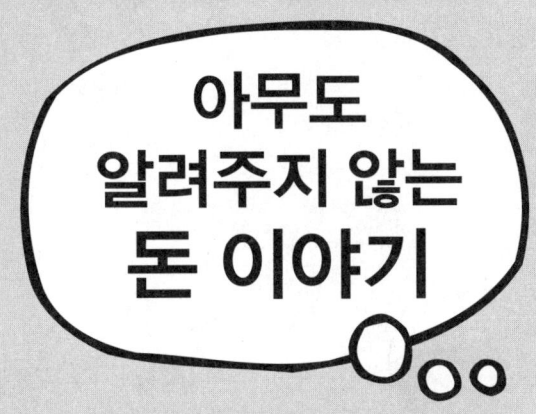

우다 히로에 지음 | 박현미 옮김 | 이즈미 마사토·김희재 감수

21세기북스

도대체 왜 돈은 모이질 않는 걸까…

프롤로그 **돈의 현실**

아이도
낳아서
기르고

나이를
먹으면

편하고 안락한
노후를
맞이하고 싶어.

하지만
저축한 건 없고,
생활은 불안하고,

아이를 키울
자신도 없단 말이야.

나는 보통 사람들처럼
평범한 생활조차 할 수 없는
사람인 건가?

하아~

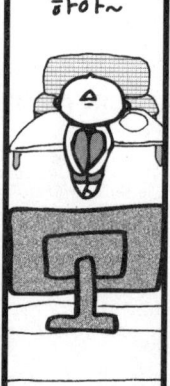

그만두자,
그만둬.
생각해봤자
우울해진다.

일해야지,
일!!

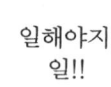

갑자기 찾아온 돈의 위기

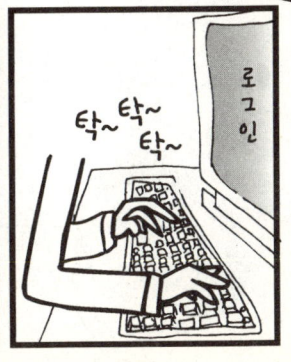

○○○
××† 다이렉트

우다 님 ⋯⋯

잔고 205,050원

어, 어라?

금리가 문제가 아니라, 이거…, 인출될 돈이 부족한 거지?

탁~ 탁~ 탁~

왜, 왜 이런 일이⋯. 말도 안 돼!

지난달은 보너스를 지급하는 달이었구나.

100만 원이나 빠져나가다니.

잠깐만 있어봐! 원고료가 들어오는 계좌에는 아직 돈이 있을 거야.

탁~ 탁~ 탁~

어라? 이 계좌에 잔고가 더 있을 텐데?

잔고 40만 원 조금 넘음

악~!

인터넷 쇼핑

파격세일

프린트 잉크 여덟 개 1팩
프린트용 잉크 카트리지

80,500원

인출은 2개월 후

잉크 값이 정말 비싸죠?

그렇게는 살기 싫어…!!

이것이 모든일의 시작이었습니다.

어… 어떡해야 되지?

누가 좀 가르쳐줘….

THEME 1

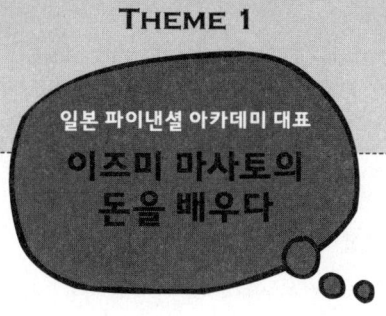
일본 파이낸셜 아카데미 대표
이즈미 마사토의
돈을 배우다

돈은 왜 나도 모르게 사라지는 걸까?

"이번 달에 낼 돈은 어떡하지?"

매일 열심히 아껴 쓰지만 주택담보대출처럼 단위가 큰 돈을 지출하면 주머니 사정이 팍팍해집니다.
히로에 씨가 처해 있는 이런 상황은 우리에게 친근한 얘긴가요? 아니면 딴 세상 얘긴가요?

실제로 자신의 생활을 찬찬히 뒤돌아보세요. '월말만 되면 돈이 사라지는' 상황에 직면한 적 많지 않은가요? 그러면 '어떻게든 하긴 해야 하는데…'라는 생각을 할 것입니다. 하지만 늘 결심만 되풀이할 뿐 달라지는 것이 없습니다. 이처럼 전혀 해결이 안 되는 '돈' 문제에서 어떻게 벗어날 수 있는 걸까요?

해결책을 마련하기 위해 매달 돈이 바닥나는 상황이 어떻게 초래되는지를 우선 생각해봅시다.

매달 꼼꼼히 따져보면 사실 '수입-지출'이라는 지극히 단순한 구조에 이릅니다. 다시 말해, 돈이 남지 않는 상황이란 자신의 노동의 대가인 수입과 지출의 균형이 깨졌다는 것을 의미합니다.

들어오는 것보다 빠져나가는 양이 많은 셈이지요. 하지만 말로는 쉬워도 행동으로 옮기기는 어렵지요. 머리로는 이해하고 있어도 실제로 개선하는 건 좀처럼 쉽지가 않습니다.

그 전형적인 예를 부자가 파산했다는 뉴스에서 찾아볼 수 있습니다. 수입이 늘어서 현재의 생활수준을 능가하는 자동차와 주택을 구입하고 대출을 받았는데, 어떤 계기로 인해 수입이 줄어들 수 있습니다.

그러면 수입과 지출의 균형이 쉽게 무너지니 지출이 수입 안에서 해결되지 못하고 결국에는 파산…. 물론 모든 사람들이 그렇다는 것은 아닙니다. 다만 여기서 중요한 것은, 수입이 많다는 것이 반드시 경제적인 풍요로움을 의미하지는 않는다는 사실입니다.

즉 **돈 문제란 버는 돈이 적어서 생기는 것이 아니**라는 말입니다.

저는 돈에 대해 생각할 때 돈을 **버는 힘**과 **관리하는 힘**을 나눠서 생각합니다. 즉 '매달 들어오는 수입'만 생각하지 않고, '매달 내 손에 얼마가 남는지'도 동시에 생각합니다.

저는 돈을 다루는 지적 능력을 '돈의 교양'이라고 부릅니다. 이 책에는 이런 돈의 교양을 시험하는 다양한 생활 속 장면들이 등장합니다. 자신의 상황과 일치하는 부분이 있다고 생각하는 분은 히로에 씨와 함께 배우면서 돈의 교양을 쌓아나가도록 합시다. 공부를 하면 할수록 당신의 일상이 극적으로 바뀔 것입니다.

CONTENTS

 프롤로그   **돈의 현실** • 5
- 돈이 없다는 불안감 • 10
- 갑자기 찾아온 돈의 위기 • 13

 제1장   절약이라는 함정 • 24
- 가계부는 필요한 걸까? • 28
- 간단하게 가계부 쓰는 방법 • 32
- 처음 알게 된 사실은… 적자 • 36
- 잘못된 절약 • 40
- 저축할 몫을 미리 챙겨놓자 • 44
- 고정비 삭감이 절약의 기본 • 47

제2장   이익을 불리는 사고방식 • 57
- 가게의 비용을 걷어내자! • 61
- 대차대조표를 써본다 • 64
- 컴퓨터의 진정한 가치는? • 68
- 돈의 흐름은 현금 욕조?! • 77
- 고객 A와 B 중 더 좋은 건 어느 쪽? • 82
- 저축을 늘려주는 돈에 대한 사고방식 • 87
- `info` 가게의 장사가 잘되게 하려면 • 91

 **제3장   임대보다 구입이 정말 이득일까?** • 95
- 오류로 가득 찬 주택 구입 • 100
- 주택담보대출과 현명하게 사귀는 법 • 104
- 조기상환과 상환 후 재대출 • 108
- `info` 주택담보대출에 대해 알고 싶다 • 113
- 부동산의 진정한 가치 • 124
- 집에 투입하는 돈과 인생계획 • 129
- 미래의 돈과 새로운 불안감 • 132

 **제4장 돈에 쪼들리지 않으며 살기** •139

돈에 관한 중요한 이야기 •148
불안감의 정체 •156

 제5장 보험으로 '안심'을 살 수 있다고? •163

모르면 손해? 공적보험의 기초지식 •170
만일의 사태가 발생했을 때 필요한 돈－의료보험 •176
info 의료보험에 가입하기 전에 •179
만일의 사태가 발생했을 때 필요한 돈－생활보험 •185
자신에게 꼭 맞는 보험 고르기 •188
보험을 둘러싼 모녀의 대결 •194
info 생명보험에 가입하기 전에 •197

 제6장 불안한 노후 •203

암울한 노후? •206
연금은 노후자금의 기초 •209
info 공적연금에 대하여 •212
노후에 필요한 돈을 불리자 •216
누구를 위한 노후인가? •220

 제7장 아이를 키우는 힘 •223

아이에게 들어가는 돈 •227
필요한 것은 돈, 그리고… •232
부모가 된다는 것 •237
info 알아두자! 출산·육아 지원제도 •241

에필로그	돈보다 소중한 것 •244
맺음말 1	돈과 친해지지 않을래요? •248
맺음말 2	더 늦기 전에 돈의 교양을 쌓으세요 •250
한국어판 감수자의 말	돈에 대해 공부하면 인생이 달라진다고요? •252

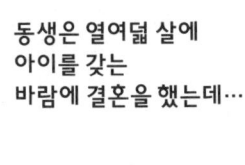

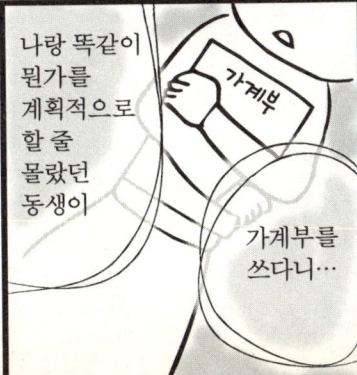

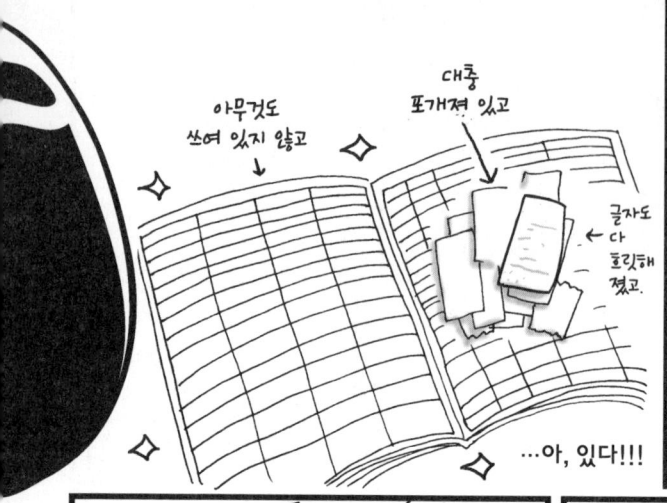

제1장 절약이라는 함정

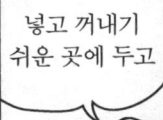

X년 ○월 우다 집안의 가계부

1,000원 미만은 생략했습니다.

집값
- 주택대출금: 723,000원
- 관리비(수선유지적립금과 월주차비도 포함): 280,000원
- 합계: 1,003,000원

광열비 (전기·수도·가스요금) — 201,000원

통신비
- 휴대전화: 185,000원
- 인터넷: 35,000원
- 케이블 tv: 69,000원
- 집 전화: 21,000원
- 합계: 310,000원

식비(집 밥) — 286,000원

외식비 (도시락과 반찬 값 포함) — 129,000원

교통비
- 교통카드 충전비용: 40,000원
- 기름값: 69,000원
- 주차료: 37,000원
- 합계: 146,000원

잡화, 일용품 — 115,000원

의복비 — 99,000원

교제비 — 239,000원

그 외 만화, 프린트 잉크, 음악 다운로드 등 — 162,000원

합계 2,690,000원

수입(가게는 매상에서 모든 경비를 뺀 것 + 내 원고료)
→ 약 250만 원

쨘!!

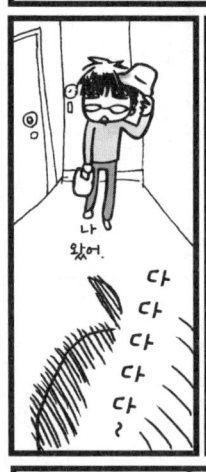

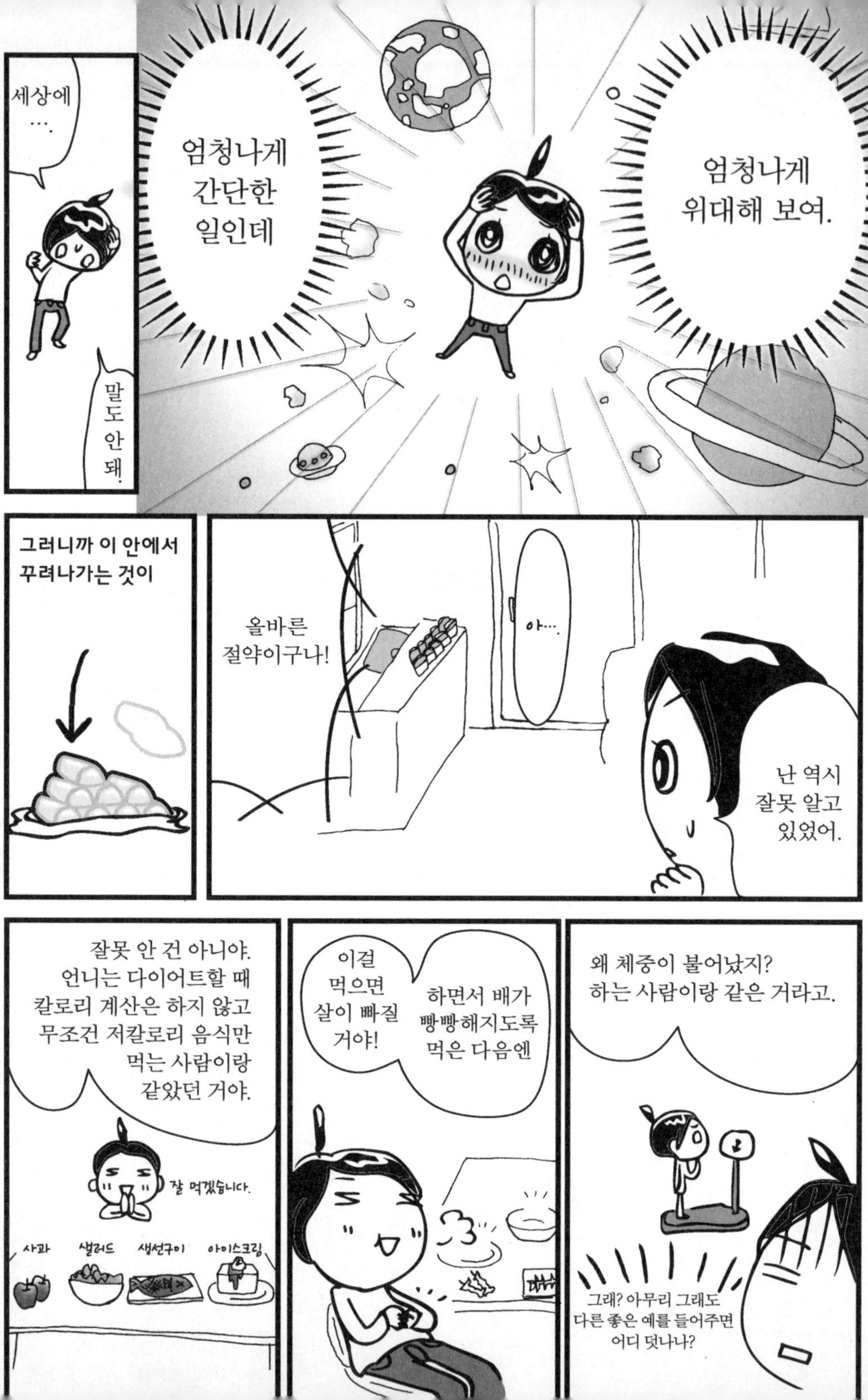

저축할 몫을 미리 챙겨놓자

고정비 삭감이 절약의 기본

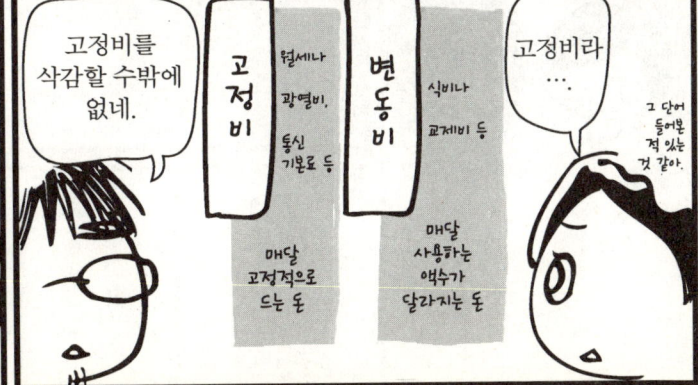

THEME 2

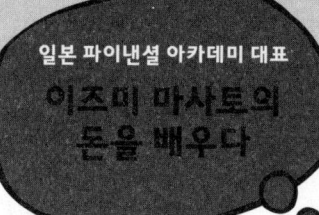

가계부 쓰기의 중요성

가계부를 쓰자고 마음먹어도 꾸준히 실천하기란 쉽지 않습니다. 혹시나 돈 생각만 하다가 옹졸해 보이지는 않을까 걱정도 되지요. 주인공 히로에 씨처럼 말입니다.

평소 돈에 대해 이런 인식을 갖고 생활하는 분이 많지요. 하지만 그러는 동안에도 월말이면 한숨을 쉬면서 은행 잔고를 바라보는 현실이 버티고 있습니다. 히로에 씨가 가계와 정면으로 맞서자고 결심한 것처럼, 돈을 생각할 때는 감정을 개입시키지 말고 숫자로 판단하는 것이 중요합니다. 특히 가계 상황을 개선하고 싶다면 매달의 수입을 흑자로 만들어가는 것이 아주 중요합니다.

우선은 히로에 씨가 했던 것처럼 가계의 현재 상황을 객관적인 '숫자로 판단하는' 일부터 시작해봅시다. 그럼 먼저 가계부의 중요성을 인식하게 되지요. 하지만 오해는 금물입니다. 가계부를 쓰는 목적은 자잘하게 10원 단위의 숫자를 파악하는 데 있지 않습니다.

'가계의 전체적인 이미지'를 아는 것, 그것이 가계부의 목적이라는 것을 잊지 마십시오.
가계부를 쓰다 보면 돈이 어디로 흘러가는지, 즉 돈의 흐름과 돈의 방향성을 알게 됩니다.

돈의 흐름을 매달 꾸준히 비교하다 보면 주거비의 비율이 지나치게 높다거나, 보험료에 드는 비율이 너무 낮다는 점 등이 보일 겁니다. 가정마다 적정한 균형점은 다르겠지만 매달 항목별로 돈의 흐름을 파악할 수 있는 '돈의 지도'가 있으면 그 적정 수치를 유지할 수 있습니다.
낯선 곳을 여행할 때 가야 할 곳을 모르고 지도가 없다면 목적지에 도착할 수 없겠지요. 마찬가지로 각 가정에서도 이런 돈의 지도가 없으면 방향성이나 목적이 보이지 않습니다.

돈의 교양을 쌓기 위한 첫걸음은 가계부를 꼼꼼하게 쓰고 매달 비교하며 가계의 균형을 조정하는 것입니다.
그리고 살림을 할 때 가장 효과적인 절약법은 고정비를 재검토하는 것입니다. 매일 먹는 점심 값을 1,000원씩 절약하거나 커피를 마시지 않는 절약법이 화제가 된 적도 있습니다.
하지만 이런 자질구레한 지출 관리로 얻는 금액은 리보금리(런던의 금융시장에서 이루어지는 은행 간 대출에 적용되는 금리로, 국제 간 금융거래에 기준금리로 활용되고 있다 - 옮긴이)가 변동하거나 바겐세일 때 과소비를 하면 한순간에 날아가는 푼돈에 지나지 않습니다. 절약의 효과가 높은 순서를 구체적으로 제시하면 다음과 같습니다.

1. 고정비의 절약
2. 낭비하는 돈의 절약
3. 변동비의 절약
4. 시간의 절약

고정비 절약은 점심 값을 아끼는 것에 비하면 스트레스를 느낄 필요가 없고, 한번 정해두면 그냥 놔두어도 재검토한 만큼의 돈을 매달 절약할 수 있기 때문에 상당히 효과적입니다.

독자 여러분도 '돈의 지도'를 만들어 효과적인 절약을 할 수 있도록 늘 마음속에 새겨두기 바랍니다.

제2장 이익을 불리는 사고방식

MENU

그렇구나, 난…

가게 메뉴의 가격을 내가 결정했으니

가격은 가게 측(파는 사람)이 정하는 거라고 생각했나 봐요.

우리 집 카레는 7,800원

원가를 계산했어.

런치 카레 7,800원

하지만 손님이 그 가격에는 안 산다고 말하면…

7,000원이면 먹을래.
6,000원 이라면?
5,000원 이라면?
5,000원 정도?

매상 제로!!

마치 역경매 같네요.

내려간다 →

7,000원 6,000원 5,000원

카레라이스

맞아. 비슷한 면이 있긴 하지.

경매는 점점 가격이 올라간다는 이미지가 있지.

예를 들어 미술품 같은 건 정가를 아는 사람이 아무도 없으니까

다들 모여서 결정하는 것뿐이야.

How much? 50원 300원 500원 1,000원

살 사람이 있으면 가격은 올라가고…

없다면 내려가지.

단순하지?

정말 이네요.

나는 50만 원에 사겠소.

그만 돌래.

예!

금전적 가치 UP

금전적 가치 DOWN

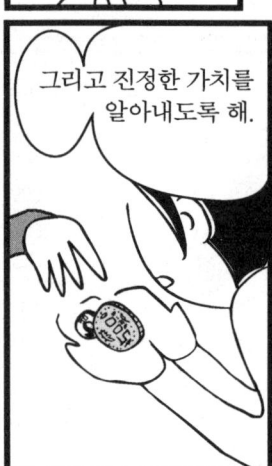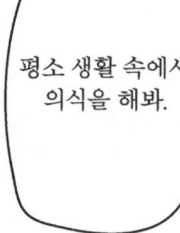

THEME 3

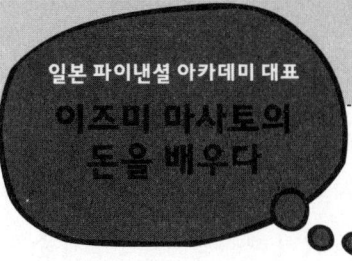

일본 파이낸셜 아카데미 대표
이즈미 마사토의
돈을 배우다

살림에도 대차대조표를 만들어보자

'열심히 하는 것 못지않게 회계도 중요하다.'
여사님의 말에 당황한 히로에 씨처럼 회계가 왜 중요하냐고 생각하는 분들도 있을 것 같습니다. 그런 분들도 여기서 가계부의 개념을 살펴보면서 회계의 중요성과 그 기초지식을 배우면 돈에 대한 센스를 키워나갈 수 있을 겁니다.
제1장에서는 돈의 흐름을 관리하는 일과 가계부 작성이 중요하다는 사실을 배웠습니다. 가계부는 매달 씀씀이가 자신의 형편에 잘 맞는지를 알려주고, 예기치 못한 일에 대비하거나 자산을 형성할 수 있도록 저축을 하고 있는지를 확인시켜줍니다.

그때 중요한 것이 대차대조표입니다. 이것은 자신이 보유한 자산, 떠안고 있는 빚(부채), 그리고 자산에서 빚을 뺀 순자산의 액수 등 자신의 재무상황을 모두 알려주는 표입니다. 기업 회계에서는 일반적으로 밸런스시트라고 불리는데, 개인 회계에서도 상당히 중요한 역할을 합니다.
우선 개념부터 파악해둡시다. 자산 = 보유한 자산의 총액, 부채 = 일반적으로 빚의 액수, 순자산＝자산에서 빚을 뺀, 본래 갖고 있는 순자산액. 조금 어렵게 느껴질 수도 있겠지만 이것을 살림에 적용하면, '자산－빚＝순자산'이라는 단순한 계산식으로 설명할 수 있습니다. 가계부(손익계산서)에는 수입과 지출밖에 보이지 않기 때문에 거기에 실제 순자산을 덧붙이면 살림이 본질적으로 얼마나 안정됐는지를 숫자로 볼 수 있습니다. 즉 집이나 차를 팔아서 대출금을 변제했을 때 실제로 수중에 돈이 얼마나 남는지를 알 수 있다는 말입니다.

실제로 순자산을 계산했더니 마이너스가 나왔다면 하루라도 빨리 살림의 체질을 개선해야 합니다. 이 경우 가계부를 보고 수입과 지출의 균형을 재고해야 하는데, 그 대응책으로는 크게 두 가지가 있습니다.

자산을 늘린다

저축을 하거나, 자산운용을 통해 자산을 늘리는 것을 말합니다. 아니면 보유한 부동산의 가치가 올라서 빚은 그대로라도 자산가치가 올라가는 경우가 있습니다.

빚을 줄인다

대부분 현금으로 상환하다 보니 현금자산까지 줄어들어 당장에는 개선되지 않는 경우가 많을 것입니다. 어쨌든 순자산을 플러스로 만드는 것을 목표로 삼고, 그전에 살펴봤던 절약 방법들을 시도하면서 개선해나갑니다(최소한 1년에 한 번, 가능하다면 3개월에 한 번 대차대조표를 작성해서 순자산의 상황을 파악해봅니다).

여기서 순자산의 액수를 살펴봐야 하는데, 목표가 될 만한 수치를 연령별로 제시하면 다음과 같습니다.

- **20~29세 : 연봉과 비슷한 순자산**
- **30~39세 : 연봉의 두 배**
- **40~49세 : 연봉의 세 배**
- **50~59세 : 연봉의 다섯 배**

이 수치는 어디까지나 목표 값이지만, 불의의 사태를 당했을 때 대처할 수 있도록 준비하자는 의미에서 이 비율을 기준 삼아 살림을 개선해나가는 것이 좋겠습니다. 가계부를 활용해서 매일매일 절약을 하고 눈앞에 있는 돈을 바라보는 것도 상당히 중요하지만, 장기적인 시야로 대차대조표를 만들고 필요 이상으로 부담스러운 주택을 구입하지 않는 등 자산을 쓸데없이 줄이지 않는 일이 무엇보다도 중요합니다.

게다가 대차대조표를 작성하는 동안에는 히로에 씨가 여사님한테서 배운 것처럼 가격과 가치를 분별하는 안목을 기를 수 있습니다.

예를 들어 최신 가전제품의 가격은 똑같다 해도 사용빈도나 사용하는 사람의 능력에 따라 가치가 완전히 달라집니다. 인터넷이나 간단한 이메일 체크용으로만 사용하는 컴퓨터라면 가격이 싸도 충분한 가치를 생산합니다. 이에 반해 컴퓨터를 자주 사용하거나 이미지 수정 등 복잡한 기능을 사용하는 사람이 가격이 싸다는 이유로 기능이 떨어지는 컴퓨터를 구입한다면 그 컴퓨터는 가치 없는 물건일 뿐입니다. 이런 경우에는 시간을 단축해주는 성능 좋은 값비싼 컴퓨터에 가치가 있습니다. 그렇다고 해서 생활의 질을 높이겠다며 대차대조표의 균형을 깨거나 순자산을 마이너스로 만들어 버리는 가격의 고급 차를 산다면, 그 물건에서는 가치를 끄집어낼 수 없습니다.

주거비나 자동차처럼 덩치 큰 물건도 대차대조표의 균형을 기준으로 삼으면 적정하게 판단할 수 있습니다. 이런 생각을 갖고 있으면 연봉 인상이나 갑작스러운 임시 수입이 곧바로 경제적인 여유로 이어지는 것이 아니라는 것을 알 수 있을 것입니다.

저 역시 자산과 빚(부채), 순자산(자본)을 정확하게 파악하기 위해 가계부와 대차대조표를 꾸준히 만들고 있습니다. 장기적인 시야에서 봤을 때 불안감을 느끼지 않고 풍요로운 미래를 만들려면 가계부(손익계산서)와 대차대조표라는 두 개의 도구로 살림을 개선해나가야 합니다.

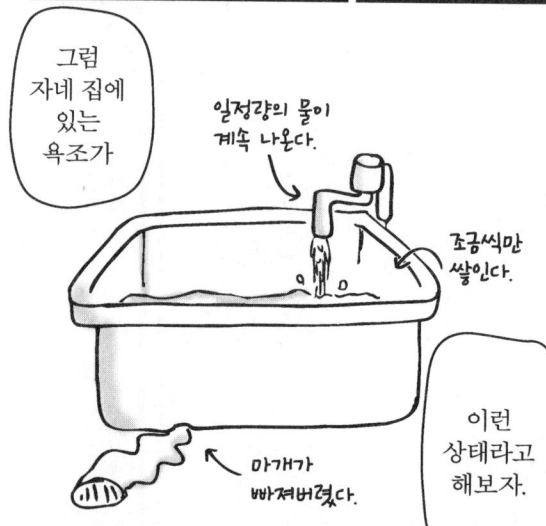

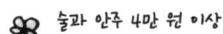

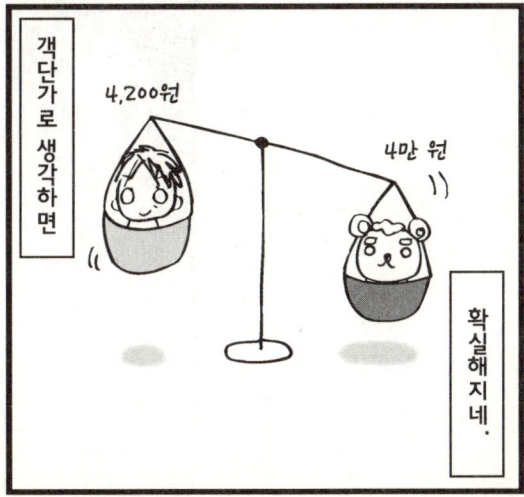

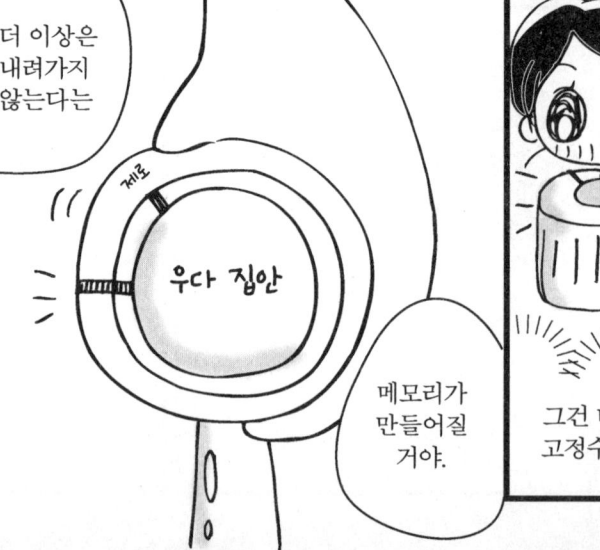

저축을 늘려주는 돈에 대한 사고방식

제2장 이익을 불리는 사고방식

info
가게의 장사가 잘되게 하려면
-기본적인 회계 지식

여러분이 자주 가는 레스토랑이나 찻집은 어떤 가격 구조를 가지고 있을까요?
예를 들어 8,000원짜리 런치세트를 내놓는 가게가 있고, 런치세트 하나를 만드는 원가가 3,000원이라고 합시다.

8,000원짜리 런치세트

> 이 가게는 몇 세트를 팔아야 이익이 생길까요?

우선 반드시 생각해야 하는 것은 고정비입니다.
가게를 경영하려면 가게 월세, 인건비, 광열비가 듭니다. 그리고 런치세트를 만들기 위한 식재료비는 변동비라고 생각합니다.
이것을 그래프로 나타내면 아래 그림과 같습니다.
(※변동비율은 원가 3,000원÷런치 값 8,000원×100=37.5%로 계산)

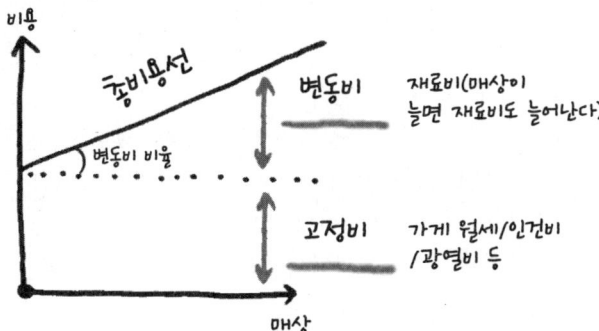

예를 들어 고정비가 한 달에 300만 원이 든다고 하고(하루당 10만 원), 하루 런치 세트의 매상이 열다섯 그릇일 경우 매상액은 12만 원인데, 이 시점에서는 아직 적자입니다.
고정비는 커버했지만 비례해서 올라가는 변동비를 따라잡지는 못하고 있습니다.

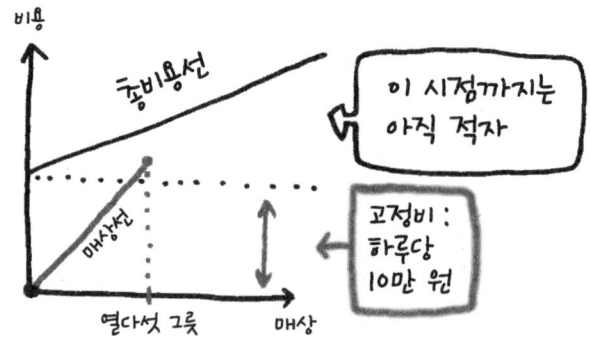

열다섯 그릇의 매상		변동비	고정비	
12만 원	−	(4만 5,000원	+ 10만 원)	= 2만 5,000원 적자

(세금은 빼고 계산)

그럼 몇 세트를 팔아야 할까요?
매상선을 총비용선과 만나는 지점까지 이어보면 해답을 도출해낼 수 있습니다.
이 가게가 적자에서 벗어나려면 최소한 하루에 스무 그릇은 팔아야 합니다.
매상선과 총비용선이 교차하는 지점을 손익분기점이라고 하는데, 이 가게가 이익을 얻으려면 스무 그릇 이상 팔아야 한다는 계산이 나옵니다.

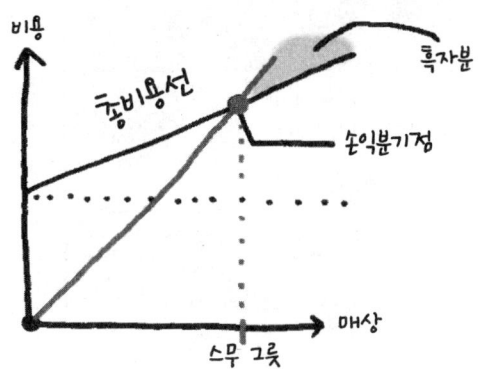

| 스무 그릇의 매상 | 변동비 | 고정비 |
| 16만 원 - (6만 원 + 10만 원) = 0 |

그 이후 객단가, 원가율, 회전율 같은 요소를 덧붙여 런치세트용 식재료를 얼마나 매입할지, 그리고 종업원은 몇 명이나 고용할지를 생각합니다. 이것은 아주 기본적인 회계 지식이지만 가게를 경영하려면 감각으로 판단해서는 안 되고 장부나 그래프를 만드는 것이 중요하다는 사실을 알려줍니다.

제3장 임대보다 구입이 정말 이득일까?

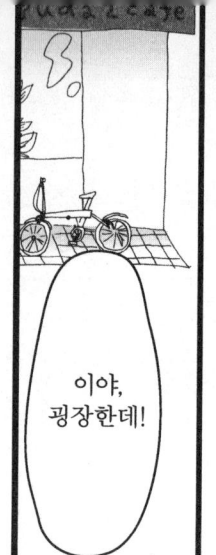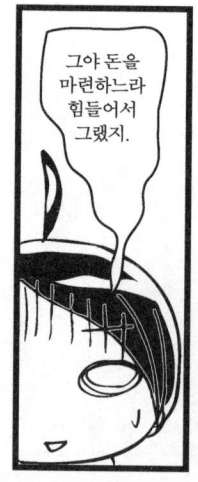

*일본에서는 월세 재계약을 할 때마다 세입자가 보통 월세 1~2개월분의 갱신료를 지불해야 한다-옮긴이
**같은 시점에서 변동금리가 고정금리보다는 월 상환액이 적은 것이 일반적이지만 금리 추이를 감안해서 판단해야 한다.

제3장 임대보다 구입이 정말 이득일까?

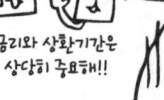

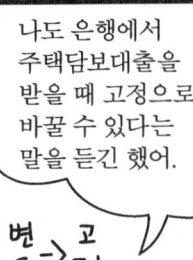

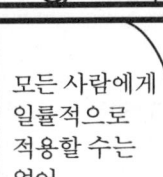

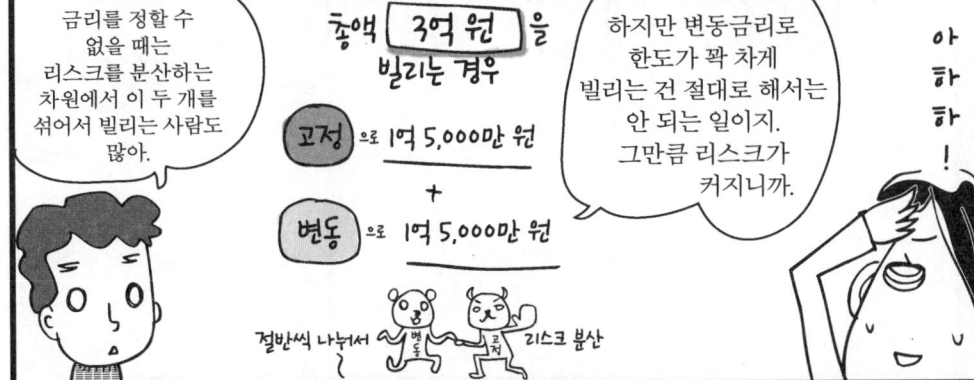

*우리나라에서는 주택담보대출을 할 때 담보주택의 시세도 평가하지만, 대출자의 소득(대출금 상환능력)을 평가하는 DTI라는 제도를 통해 최대 대출액을 제한한다. 직장인의 경우에는 소득증명이 쉽지만 현금 장사를 많이 하는 자영업자는 소득증명이 어려울 수밖에 없다. 이를 보완하기 위해 건강보험료 납입액이나 신용카드 사용액만으로도 소득을 인정하는 방향으로 제도가 개선되고 있다.

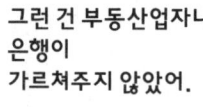

info
주택담보대출에 대해 알고 싶다

많은 사람들이 주택을 구입할 때 도움을 받는 주택담보대출. 현실적으로는 이 책의 우다 히로에 씨처럼 주택을 구입할 때 부동산중개업소와 연결된 대출중개업자를 통해 대출한도액과 금리를 안내받는 경우가 대부분입니다. 하지만 본인이 직접 여러 은행을 다니면서 상담을 받고 금리를 확인하는 편이 좋겠지요. 담보대출 가능금액과 금리는 금융기관이 여러분의 소득, 신용상태와 담보주택의 시세 또는 감정가 등 여러 가지를 고려하여 종합적으로 계산합니다. 여기서는 간략하게 우리나라 담보대출에 대해 안내해드리겠습니다.

주택담보대출의 종류

부동산 종류	아파트	일반주택/빌라	해당 조건
담보대출 시 기준가격	국민은행 기준시세	실 매매가와 감정가 중 낮은 금액(감정가는 금융기관마다 다르며 보통 시세의 70~85% 수준임)	
생애최초 주택구입 자금대출	1. 대출금리 : 연 3.8% 수준 (2013년 기준) 2. 대출한도 : [국민은행시세-방공제]×60%, 최대 2억 원 3. 부부 합산 소득 : 5,500만 원 이하(상여금 포함)만 신청 가능 4. 상담창구 : 농협중앙회, 기업은행, 우리은행, 신한은행 등 5. 설정비 면제, 중도상환 수수료 면제	1. 대출금리 : 연 3.8% 수준 (2013년 기준) 2. 대출한도 : [복성식주택감정가 - 방공제] × 60% 3. 부부 합산 소득 : 5,500만 원 이하(상여금 포함)일 때 최대 2억 원 4. 상담창구 : 농협중앙회, 기업은행, 우리은행, 신한은행 등 5. 설정비 면제, 중도상환수수료 면제 *생애최초주택구입자금대출의 경우 빌라나 일반주택은 아파트와 다른 감정방법을 적용하기 때문에 실제 대출받을 수 있는 한도금액이 매우 적습니다. 이런 경우 시중 은행의 일반 대출을 알아보는 편이 유리합니다.	1. 세대주를 포함한 가구원 전원이 주택을 소유한 적이 없을 것. 2. 만 20세 이상의 무주택 세대주(미혼자인 경우 만 35세 이상 세대주) 3. 부부 합산 연소득(상여금 포함) 5,500만 원 이하 4. 주택매매계약의 당사자(부부 공동명의는 둘 중 한 명이 신청 가능) 5. 전용면적 85㎡ 이하, 6억 원 이하의 주택(오피스텔 불가)

주택금융공사 -보금자리론	1. 대출한도 : 국민은행 기준시세의 60~70% 2. 특이사항 : 부부 합산 연소득에 따라 우대금리 가능 3. 상담창구 : 기업은행, 우리은행, 국민은행 등 시중 은행(위탁판매)	1. 대출한도 : 감정가의 65% - 방공제(감정가 1억 원 기준 4,000만~5,100만 원까지 대출 가능) 2. 특이사항 : 부부 합산 소득에 따라 우대금리 적용 가능	1. 고가주택이 아닐 것 (9억 원 이내) 2. 신용등급이 9등급 이내일 것 3. 만 20세 이상 4. 1주택자일 것(일시 2주택자 가능)
제1금융권	1. 대출한도 : 국민은행 기준시세의 60% - 방공제 2. 상담창구 : 시중 1금융권 은행	1. 대출한도 : 감정가의 60% - 방공제(감정가 1억 기준 3,500만~4,600만 원까지 대출 가능) 2. 특이사항 : 해당 은행 거래 실적에 따라 우대금리 있음	신용등급 6등급 이내
제2금융권	1. 대출한도 : 국민은행 기준시세의 70% 수준 - 방공제 2. 상담창구 : 시중 2금융권 은행. 보험사 일부	1. 대출한도 : 감정가의 70% 수준 - 방공제(감정가 1억 원 기준 4,000만~5,000만 원까지 대출 가능)	신용등급 7등급 이내
캐피탈	1. 대출한도 : 국민은행 기준시세의 80% 수준(금융기관마다 다름)	1. 대출한도 : 감정가의 80% 수준 - 방공제(감정가 1억 원 기준 7,000만~8,000만 원까지 대출 가능) 2. 특이사항 : 방공제를 하지 않는 경우도 있음	신용등급 8등급 이내

＊ 상기 내용은 2013년 기준이며 각 금융기관별 금리와 조건이 시기에 따라 달라질 수 있습니다.

방공제란?

위에 표에서 각 주택담보대출별로 대출한도를 보면 항상 방공제를 하는 것을 볼 수 있습니다. 이 방공제에 대해 잠깐 설명해드리겠습니다.

금융기관이 부동산의 감정가보다 적은 액수로 대출한도를 제한하는 것은 대출자가 이자상환을 못하게 되는 경우를 염두에 두기 때문입니다. 이 경우 금융기관은 해당 부동산을 경매에 부쳐 대출금을 환수합니다. 경매 낙찰가가 감정가보다 낮은 경우에도 대출금을 안전하게 상환받기 위해 제한선을 두는 것이지요.

그런데 금융기관에서 이렇게 안전책을 마련해두고 대출을 해줘도 대출자가 대출을 받은 후에 방 한 개씩 따로 세입자에게 임대하는 경우, 만약 이 주택이 경매로 매각되면 소액세입자는 1순위 금융기관보다 먼저 본인 보증금을 배당받기 때문에 금융기관이 예상치 않은 손해를 입기도 합니다. 대부분의 금융기관이 대출 가능 금액에서 방 개수만큼 빼고 대출해주는 이유가 여기에 있습니다.
방공제 금액은 다음과 같습니다.

① 2억 원 이하 아파트
- 방 개수가 세 개 이하인 경우 : 지역별 우선변제 임차보증금 × 1
- 방 개수가 네 개 이상인 경우 : 지역별 우선변제 임차보증금 × 2

② 2억 원 초과 아파트
- 방 개수가 한 개인 경우 : 지역별 우선변제 임차보증금 × 1
- 방 개수가 두 개 이상인 경우 : 지역별 우선변제 임차보증금 × 방 개수 ÷ 2
- 지역별 우선변제 임차보증금액 : 서울 2,500만 원, 인천·경기 2,200만 원, 지방 광역시 1,900만 원, 그 외 지방 도시 1,400만 원

아파트를 구입할 때 적용받는 DTI와 LTV

우리나라의 아파트 담보대출은 DTI와 LTV라는 두 가지 제도를 통해 다소 복잡한 제한을 받습니다.

1. **LTV** : 매입하고자 하는 부동산 가격의 60% 이상을 대출받을 수 없도록 제한 (경기 수도권 기준)
   예 : 국민은행 시세 5억 원인 아파트의 최대 대출가능액은 5억 원×60%=3억 원

2. **DTI** : 매수자의 대출상환 능력에 따라 대출가능액이 제한됩니다. 예를 들어 DTI 40%를 적용받는다는 말은 2억 원을 30년 상환으로 대출받고 연간 상환해야 할 금액이 1,600만 원인 경우(매달 133만 원) 최소 연봉이 4,000만 원은 되어야 한다는 이야기입니다.
   계산방법 : 연봉(4,000만 원×100)/연간원리금상환액(1,600만 원)=40% 이하가 되어야 한다. DTI는 모든 형태의 주택에 적용되는 것이 아니라 서울과 수도권 아파트만 그 대상이 됩니다.

주택 구입 시 대출을 알아보는 방법

1. 각 금융기관별로 내가 원하는 주택에 대한 담보대출금액의 한도액을 먼저 알아봅니다(한도액을 먼저 알아보지 않고 주택매매계약부터 해버리면 자칫 원하는 만큼 대출액이 나오지 않아, 잔금을 치르지 못해 계약금을 날리는 낭패를 볼 수도 있습니다).
2. 주택담보대출을 상환하기 위한 대출상환계획을 검토해봅니다.
   1) 대출금액 : 내 수입으로 매달 상환액을 감당할 수 있는가?
   2) 금리유형 : 고정금리가 유리할지 변동금리가 유리할지 대출 유형을 결정
   3) 거치 및 상환기간 : 몇 년 거치(이자만 납입) 후 원금상환을 할 것인지, 혹은 몇 년간에 걸쳐 원리금을 상환할지 결정
3. 본격적으로 대출상품을 알아봅니다. 대출상품을 알아보는 순서는 가장 혜택이 많은 생애최초주택구입자금대출 → 보금자리론 → 그 외 금융권 순이 좋습니다.
   *민간금융권 주택담보대출은 제1금융권이 대체적으로 금리가 낮지만 한도가 적을 수 있습니다. 대출금액을 많이 원하는 경우에는 제2금융권 및 타 금융회사를 알아봐야 합니다.

주택담보대출을 고를 때의 포인트

앞서 금융기관별로 다섯 종류의 담보대출을 알려드렸는데, 어느 것이 가장 좋다고 일반적인 결론을 내릴 수는 없습니다. 금리, 상환기간, 거래은행을 어떻게 선택하느냐에 따라 달라지기 때문입니다. 거래은행에 따라서는 거래실적이나 특판상품을 통해 우대금리를 제공하기도 합니다. 또 금리의 향후 동향에 따라 변동금리와 고정금리를 선택해야 합니다. 가장 좋은 방법은 자신의 인생 설계에 맞춰 생각하는 것입니다. 자신의 상황과 맞지도 않는데 지금 살 수 있으니 산다는 식으로 행동해서는 절대 안 됩니다. 명심하세요. 대출 가능한 액수가 상환할 수 있는 액수는 아닙니다.

대출받을 수 있는 액수 ≠ 상환할 수 있는 액수

주택 구입 외에 소요되는 돈

주택을 구입할 때에는 부동산 가격 이외에도 추가적으로 드는 돈이 있습니다. 무시할 수 없는 금액이므로 자금계획을 세울 때는 구입자금의 5~10%가 여분으로 들어간다고 인식해둡시다.

취득과 등록에 드는 돈

1. 부동산 취·등록세
- 부동산을 취득할 때 부과되는 세금. 평가액에 따라 세액이 달라진다.

2. 인지대
- 등록 때 필요

3. 채권매입비용
- 부동산 취득 시 의무적으로 매입해야 하는 채권. 매입하고 바로 되파는 경우가 많다.

기타 비용

1. 법무사 보수
- 법무사에게 취·등록 대행을 맡기는 대가로 주는 돈

2. 중개수수료
- 중개업자에게 주는 수수료
 (중개수수료율은 하단 표 참조)

3. 기타 수리비
- 도배나 장판, 싱크대 수리비용 등

중개수수료

중개수수료율은 주택을 구입하는 분들이 무척 궁금해하는 내용입니다. 아래 표의 수수료율은 절대사항이 아니라 권장사항이므로 참고하여 잘 합의한 후 중개수수료를 결정하시기 바랍니다.

거래 내용	거래금액	상한요율	한도액	중개수수료율 결정	거래금액 산정
매매	5,000만 원 미만	거래가의 0.006%	25만 원	중개수수료 한도 = 상한요율 × 거래가격(단, 한도액을 넘을 수 없음)	
	5,000만 원 ~2억 원 미만	거래가의 0.005%	80만 원		
	2억 원 ~6억 원 미만	거래가의 0.004%	없음		
	6억 원 이상	거래가의 0.009% 이하	거래가의 0.009% 이하	좌측 요율 한도 내에서 중개업자와 협의 하에 결정	

임대차	5,000만 원 미만	거래가의 0.005%	20만 원	중개수수료 한도 = 상한요율 × 거래가격(단, 한도액을 넘을 수 없음)
	5,000만 원 ~2억 원 미만	거래가의 0.004%	30만 원	
	2억 원 ~6억 원 미만	거래가의 0.003%	없음	
	6억 원 이상	거래가의 0.008% 이하	거래가의 0.008% 이하	좌측 요율 한도 내에서 중개업자와 협의 하에 결정

*전세 = 전세보증금
*월세 = 보증금 + [월세액×100]
*단, 상기 계산액이 5,000만 원 미만인 경우 보증금 + [월세액×70]으로 계산함

*출처 : 한국공인중개사협회

부동산 가격의 약 5~10%

주택 구입 후에 드는 돈

여기서는 아파트(공동주택)를 기준으로 설명하겠습니다. 주택 보유자가 내는 재산세의 세목은 재산세, 도시계획세, 공동시설세, 지방교육세로 나뉘어 있고 이들을 전부 내야 합니다.

1. 재산세
공시가격의 60% 선이 세금의 기준(과세표준)이 되고 아래 도표의 세율을 곱해 계산하면 재산세가 나옵니다.

구분	과세표준	세율
주택 건축물에 대한 재산세	6,000만 원 이하	0.10%
	6,000만 원 초과 1억 5,000만 원 이하	6만 원 + (6,000만 원 초과금액 × 0.15%)
	1억 5,000만 원 초과 3억 원 이하	19만 5,000원 + (1억 5,000만 원 초과금액 × 0.25%)
	3억 원 초과	57만 원 + (3억 원 초과금액 × 0.4%)
주택 토지에 대한 재산세	5,000만 원 이하	0.20%
	5,000만 원 초과 1억 원 이하	10만 원 + (5,000만 원 초과금액 × 0.3%)
	1억 원 초과	25만 원 + (1억 원 초과금액 × 0.5%)

2. 도시계획세
시가화 구역 내의 토지와 건물에 매년 부과되는 세금으로, 과세표준액×0.14%로 계산됩니다.

3. 공동시설세
소방시설, 오물처리시설, 수리시설 등 기타 공공시설에 필요한 비용을 충당하기 위해 부과하는 세금. 아파트의 경우 한 개 동의 전체 과표를 계산한 후 각 호수별로 나누어 내는 형태입니다.

4. 지방교육세

재산세의 20%. 재산세의 대부분은 1번 재산세와 2번 도시계획세입니다. 알기 쉽게 계산해보면 공시가격이 1억 5,000만 원인 아파트를 보유하고 있는 경우 1년에 재산세(위의 네 가지 세목 포함)를 23만 원 정도 납부해야 한다고 생각하면 됩니다.

주택담보대출의 체크 리스트

가계에 부담이 큰 주택담보대출을 받기 위해 자금계획을 세우려면 체크할 것이 몇 가지 있습니다. 담보대출 시뮬레이션을 할 때는 다음 사항을 점검해봐야 합니다.

1. 대출금을 완제했을 때의 연령이 만 65세를 넘는다.
2. 주택담보대출의 차입 총액이 세금을 뺀 연봉의 다섯 배를 넘는다.
3. 변동금리형인 현재의 상환액을 기준으로 물건 구입 계획을 세운다.
4. 주택 구입 후 저축이 없어진다.

이 네 가지에 모두 해당된다면 주택 구입을 보류하는 게 좋겠습니다. 그리고 두 개 이상에 해당된다면 희망하는 물건이 자신의 수입에 걸맞은 물건인지 다시 한 번 확인해봅시다.

상환액이 적었으면! 어느 쪽이 좋을까? 고정과 변동

주택담보대출을 받고자 할 때 사람들은 금리 타입을 선택하느라 고민을 합니다. 사람마다 의견이 다른데다 주택담보대출의 타입도 제각각입니다. 크게는 다음과 같이 세 가지로 나눌 수 있습니다.

고정금리 선택형	변동금리형	고정금리형
변동금리의 일종이지만 일정 기간(1~3년)은 고정금리로, 고정 기간 종료 후에는 변동금리로 선택하는 타입. 고정금리 기간이 짧을수록 금리가 낮은 편입니다. *고정금리 이후 변동금리 전환 시 금리가 대폭 오르더라도 일정 부분 이상의 금리 상승 폭에 제한을 두는 상품도 있으므로 대출 시 확인하기 바랍니다.	변동금리란 기준금리와 연동해 주기적(3개월, 6개월 등)으로 대출금리가 변동되는 방식입니다. 각 은행은 일반적으로 ①CD금리 ②COFIX 등을 기준금리로 사용하고 있습니다.	고정금리란 만기까지 정해진 금리가 계속 적용되어 경제 상황, 시중금리 변동과 관계없이 이자 부담이 동일한 방식입니다. 이자가 고정되어 있기 때문에 이자 계산이 편리하며 대출상환계획을 세우기 쉽고, 금리가 큰 폭으로 상승했을 때도 이자 부담이 고정적이라는 장점이 있습니다. 하지만 금리가 하락하는 시기에는 변동금리보다 상대적으로 불리하고, 일반적으로 변동금리보다 대출 시점의 금리가 더 높은 편입니다.

고정금리와 변동금리 중 어떤 쪽을 선택해야 하는지는 참 어려운 문제지만, 대체적으로 금리 하락기나 단기대출 시에는 변동금리를, 금리 상승기나 장기대출 시에는 고정금리를 선택하는 것이 좋습니다.

대출자의 재무 상황에 따라 정리해보면 다음과 같습니다. 대출자가 ①어느 정도의 여유자금이 있고 ②비교적 단기간의 대출을 쓰다가 금리가 상승했을 경우 조기상환을 할 수 있으며 ③지금 당장 낮은 이자율로 대출이자를 상환하려 한다면 변동금리가 유리합니다. 반면 대출자가 ①비교적 장기간의 대출상환계획을 세우고 있고 ②꾸준히 일정한 액수의 원리금을 상환할 계획이라면 고정금리가 낫습니다.

변동금리는 초기 이자 부담이 낮으며 시중금리 하락 시 이자를 줄일 수 있다는 장점이 있지만 금리 상승 시 위험부담이 어느 정도 늘어날지 장담하기 어렵기 때문에, 고정금리를 선택하면 애초부터 위험요인을 없앨 수 있다는 장점이 있습니다.

주택담보대출 지불 방법의 소소한 지식

원금균등상환·원리균등상환

	특징	장점	단점
원금	초기 변제액이 많다.	총 지불액이 낮아진다.	수입에 대한 심사기준이 엄격하다.
원리	변제액이 일정하다.	당좌의 상환 비용을 마련하기 쉬워진다.	원금이 줄어드는 속도가 느리다.

주택담보대출을 할 때는 '원금균등상환'으로 할지, '원리균등상환'으로 할지 선택할 수 있습니다. 이 두 가지는 차입금의 원금에 대한 지불 방식이 다릅니다. 원금균등상환의 경우 원금에 대해 일정액을 매회 지불합니다. 차입 잔고가 많은 초기 몇 년간은 이자로 낼 돈이 많아서 원리균등상환보다 매회 상환액이 높아집니다. 하지만 원금의 상환 속도가 빠르기 때문에 총 지불액은 원리균등상환보다 낮아집니다(민간주택담보대출에서는 원리균등상환밖에 취급하지 않는 곳도 많으니 주의).

현재 주택담보대출을 이용하는 사람들 중 절반이 변동금리를 선택하고 있습니다. 금리가 낮다는 이유도 있지만, 많은 사람들이 주택담보대출 금리가 장기적으로 내다봤을 때 급상승하지 않을 거라고 생각하기 때문에 발생한 결과라고 할 수 있습니다. 일반적으로 상환기간이 짧고 차입액이 적은 사람은 금리 변동 리스크가 적어서 변동금리로 빌리기 쉬운 사람이라고 할 수 있습니다. 반대로 변제기간이 길고 차입액이 많은 사람은 금리 변동 리스크가 높아서 변동금리를 이용할 때 주의해야 합니다. 자금계획을 세우려면 주택담보대출 상환액이 수입에서 차지하는 비율이나 차입 총액, 앞으로의 금리 동향 등을 파악하고, 다양한 종류의 담보대출 중에서 무엇이 자신에게 가장 잘 맞는지 꼼꼼하게 연구하는 것이 중요합니다.

주택담보대출의 공제를 사용하자

내 집을 마련했을 때는 연간 이자납입분에 대해 세금 우대조치를 받을 수 있습니다. 그것이 바로 주택담보대출 소득공제입니다. 주택담보대출 근로소득공제를 받기 위한 조건은 다음과 같습니다.

1. 주택 구입자가 세대주이면서 근로소득자일 것(본인의 근로소득이 없는 경우 세대원의 근로소득에서 공제받을 수 있습니다).
2. 해당 주택이 국민주택 규모 85m^2 이하, 공시가 3억 원 이하일 것.
3. 대출금 상환기간이 15년 이상일 것.
4. 주택담보대출이 주택구입자금 목적일 것(주택 취득 당시 무주택자여야 합니다).
5. 주택 취득 후 3개월 이내에 받은 대출에 한함.

제3장 임대보다 구입이 정말 이득일까?

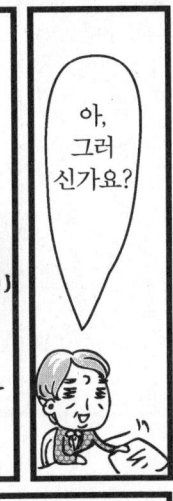

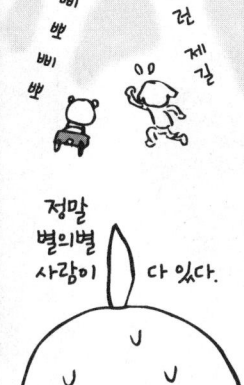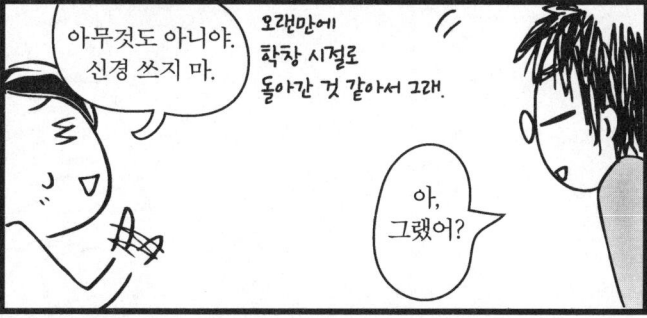

THEME 4

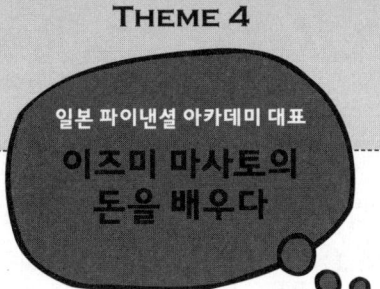

일본 파이낸셜 아카데미 대표
이즈미 마사토의
돈을 배우다

임대로 살까, 구입할까?
그것은 물건의 가치로 판단한다

내 집 마련 문제가 나오면 많은 사람들이 임대냐 구입이냐를 두고 고민할 것입니다. 결혼, 육아, 전근 같은 인생의 변화가 생길 때마다 그런 고민을 하게 됩니다. 그리고 부동산 가치에 대해서는 '앞으로 가격이 오를지 내릴지 모르는데, 어떻게 정확한 판단을 할 수 있겠어'라고 생각하기 쉽습니다. 하지만 부동산의 세계에는 적정한 가격대가 얼마인지를 구입 전에 판단할 수 있는 공식이 존재합니다. 우리의 주인공 히로에 씨처럼 뒤늦게 깨닫고 실망하지 않도록 이번 기회에 그 공식에 대해 공부를 해둡시다.

우선 구입을 검토해볼 만한 물건이 나왔을 경우 '이 물건을 만약 빌린다면 월세가 얼마일까?'라고 생각해보십시오. 월세로 빌렸을 경우 그 시세를 알았다면 이젠 공식에 대입합니다. 그것은 '상정한 월세×200배 이하 = 실패하지 않는 내 집 마련 가격'입니다. 이것이 뭘 의미하는지는 숫자를 대입해서 생각해봅시다.

예를 들어 물건 가격 3억 원인 단독주택을 구입하고자 검토하는 중이라고 합시다. 우선 이 단독주택과 동일한 물건을 빌렸을 경우의 월세를 조사합니다.

- 구입을 검토하고 있는 물건과 동일한 역세권
- 똑같은 도보 시간(역까지)
- 똑같은 구조와 실내 면적
- 똑같은 건축 연수

위와 같은 조건으로 검색했을 때 월세 시세가 100만 원이라는 사실을 알았습니다. 그러면 월세 100만 원을 공식에 대입합니다. 그러면 '상정한 월세 100만 원×200배 이하=2억 원 이하'라는 결과가 나왔습니다. 이 식은 구입하려고 하는 물건의 가격이 2억 원 이하라면 앞으로 손해를 입을 가능성이 적다는 판단기준을 보여줍니다. 따라서 이 주택을 3억 원에 구입하면 손해 보지 않는 가격보다도 1억 원이나 높은 값을 치러야 한다는 말입니다. 그러므로 이 주택의 구입은 보류하는 것이 좋다는 전제하에 검토를 해나가야 합니다.

어떻게 이런 주장을 할 수 있는 걸까요? 이 주장의 근거를 알아보도록 합시다. 이 공식은 전근이나 전직으로 인해 자가에서 살 수 없게 됐을 때를 전제로 합니다.

- 주택담보대출금 상환액 이상의 월세로 시장에 내놓을 수 있는가?
- 대출금 잔고보다 비싼 가격으로 매각할 수 있는가?

만일 무슨 일이 생겼을 때 상환액 이상의 월세 수입을 기대할 수 있거나, 혹은 대출금 잔고보다 비싼 값으로 매각이 가능한 물건을 구입할 수 있다면 자가 구입의 리스크는 상당히 줄어듭니다. 그 기준이 '월세 200배 이내'에서 물건을 구입한다는 것이고, 저는 이것을 '수익률 6%의 법칙'이라고 부르고 있습니다(이 법칙은 지역이나 시세에 따라 변동하므로 구입할 때 다시 한 번 학습해보기를 권합니다). 수익률이란 간단하게 말하면 물건 가격에 대해 월세가 얼마인지를 알려주는 수치입니다. 예를 들어 연간 임대수입이 1,000만 원인 1억 원짜리 물건을 구입했을 경우 그 수익률은 10%라는 말이 됩니다.

1,000만 원(연간 임대수익)÷1억 원(주택 구입가격)×100＝10%(수익률)

부동산 투자에서는 이 수익률 수치를 이용해 물건의 수익성이나 가격이 적당한지 여부를 판단합니다. 그러므로 내 집 마련을 할 때도 만일의 경우에 임대로 내놓거나 매각 가능성을 상정해서 수익률을 바라볼 필요가 있습니다. 일반적인 평균 수익률은 다음과 같습니다.

- 신축 아파트 : 3~4%
- 건축연수 1년 : 5~6%

시간이 지날수록 수익률이 높아지고, 물건 가격은 내려간다는 것을 보여줍니다. 이것도 숫자로 살펴보도록 합시다.

예) 월세가 200만 원인 5억 원짜리 물건이 있습니다.
이 경우 연간 임대수입은 200만 원×12개월=2,400만 원이 됩니다.

이때의 수익률은 2,400만 원÷5억 원×100=4.8%입니다. 그리고 몇 년이 지나 이 물건의 가격이 4억 5,000만 원까지 내려갔다면 그 수익률은 2,400만 원÷4억 5,000만 원×100=5.3%입니다. 만약 4억 원까지 내려가면 그 수익률은 2,400만 원÷4억 원×100=6%가 됩니다. 이렇듯 '수익률 6%'로 구입할 수 있는 물건 가격은 월세 200배(200만 원×200=4억 원 이하)의 기준이 됩니다.

이 액수로 구입한다면 월세와 비교했을 때 그다지 비싸지 않습니다(이것은 일반적으로 말해 매각이 가능한 수익률이고 대출금 상환을 임대수입으로 충당할 수 있는 범위라는 의미이기도 합니다). 따라서 물건 가격이 월세의 200배 이하인지 여부가 하나의 기준이 됩니다. 물건을 살 때는 싼 것을 사는 것이 이득이지만 내 집 마련을 할 때는 리스크를 피할 수 있는가라는 시점에서 '수익률 6% 법칙'의 범위 안인지를 파악해야 합니다.

내 집 마련은 일생에서 규모가 가장 큰 쇼핑입니다. 그러므로 '수익률 6% 법칙' 외에 장래의 자산가치도 따져보는 등 살펴봐야 할 포인트가 많습니다. 물건을 구입할 때에는 예기치 못한 일이 생겼을 경우에 대처하는 방법까지 확실하게 공부해야 합니다. 무작정 구입하지 말고 수학적인 근거를 토대로 구입하도록 합시다.

제4장 돈에 쪼들리지 않으며 살기

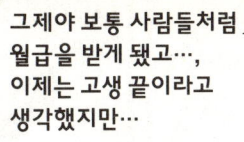

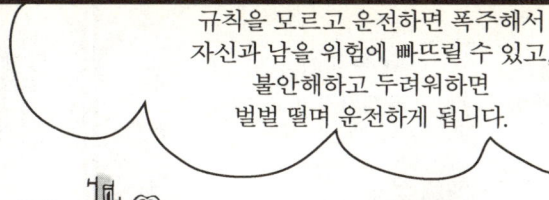

돈을 다루는 방법은 자동차 운전과 비슷합니다.

규칙을 모르고 운전하면 폭주해서 자신과 남을 위험에 빠뜨릴 수 있고, 불안해하고 두려워하면 벌벌 떨며 운전하게 됩니다.

돈을 다루는 방법에는 규칙이 있답니다.

학원에 다니고 시험에 통과한 후에 차를 운전하는 것처럼 돈에 대해서도 공부를 해야 합니다.

하지만 운전처럼 돈에 관한 기술을 배울 기회는 없잖아요.

모르고 있다가 큰일을 당한 뒤에야 알아챈다면 그때는 이미 늦었다는 걸 누구나 경험했을 겁니다.

나는 계속 쓸데없는 절약이라는 위험운전을 해온 거네요.

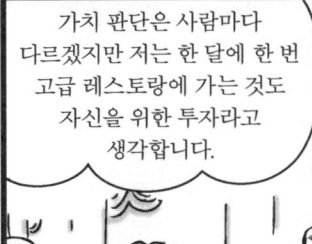

불안감의 정체

THEME 5

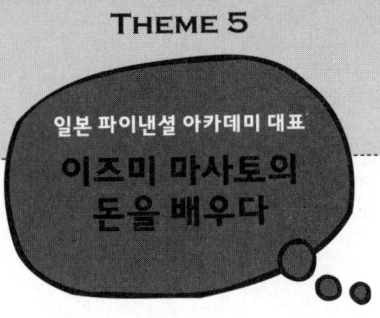

일본 파이낸셜 아카데미 대표
이즈미 마사토의
돈을 배우다

돈에 대해 가르쳐주는 학교를 열다

돈에 대해 생각할 때는 **버는 힘**과 더불어 **관리하는 힘**도 중요하다는 것을 앞에서 언급했습니다. 하지만 돈 문제가 생기는 대부분의 원인은 '돈을 제대로 다루는 방법'을 어느 누구한테도 배우지 않았다는 데 있습니다.

히로에 씨가 갖고 있는 돈에 대한 불안감도 결국 돈에 대한 무지 때문이라고 할 수 있습니다. 올바른 지식을 몰랐던 것이 돈 문제의 원인이었으니 돈에 대해 체계적으로 공부하면 극적으로 개선될 수 있습니다. 지금까지 우리가 받아왔던 교육은 세 가지로 정리할 수 있습니다.
첫 번째는 누구나 의무교육으로 배우고 있는 읽기, 쓰기, 계산과 같은 '학문교육', 두 번째는 사회에 나와서 일할 때 필요한 '직업교육', 세 번째는 앞으로 가장 중요해질 '금전교육'입니다. 이 중 세 번째 교육은 끊임없이 발전하는 사회적 상황에서 알고 있으면 낫다는 정도의 중요성밖에 갖지 못했고, 그런 교육을 접할 기회조차 드물었습니다. 하지만 앞으로는 금전교육이야말로 필수과목이 될 것입니다.

예전에는 저도 돈에 관해 알고 있는 것이 거의 없었습니다. 연봉 2,000만 원쯤 받던 시절에는 적은 수입이지만 그 안에서 어떻게든 먹고살았는데 이직을 통해 연봉이 올라가면서 생활수준이 높아지더니 어느새 제 분수에 맞지 않는 지출을 하게 됐습니다. 돈이 모자라면 할부로 차나 원하는 물건을 사들였지요. 돈의 지성이라고는 없는 '돈에 속박'된 생활을 하면서 지냈습니다.

하지만 그런 생활에서 빠져나오기 위해 제가 꾸준히 했던 일이 있습니다.

그것은 신문과 책을 읽고, 공부 모임에 나간 것입니다. 다른 사람들의 이야기를 듣거나 저보다 인생 경험이 많은 분들에게서 한 수 배우는 즐거움을 알았기에 이런저런 세미나에 참가해서 다양한 이야기를 들었습니다. 그 당시 저는 돈이 거의 없었지만 무료 세미나뿐 아니라 돈을 내야 하는 세미나도 열심히 쫓아다녔습니다. 제 세계를 넓히고 싶었고 지식을 쌓고 싶다는 생각에 조금이라도 여윳돈이 생기면 자신에 대한 투자를 게을리 하지 않았습니다.

그렇게 스스로 공부하는 한편으로 '돈의 교양'을 많은 분들과 공유하고 싶었기에, 드디어 2002년에 돈 걱정을 덜어주고 돈의 교양을 쌓게 해주는 학교인 '파이낸셜 아카데미'를 설립했습니다.

고용과 노후의 불안감을 해소하기 힘들다는 오늘날, 풍요롭고 안락한 생활을 하기 위해서는 돈에 대한 지성이 절실합니다. 돈은 인생을 즐기기 위한 수단에 지나지 않지만 돈의 교양을 쌓으면 자신다운 삶을 영위할 수 있습니다.

돈에 속박되어 살라는 얘기가 아닙니다. 어떤 일이 생겨도 대처할 수 있도록 리스크를 관리하고 자신답게 살아가려면, 돈에 대한 교양이 꼭 필요합니다.

The story about money no one tell you

제5장 보험으로 '안심'을 살 수 있다고?

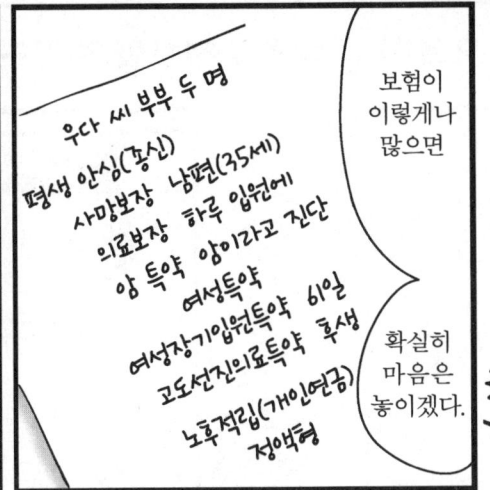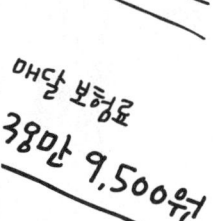

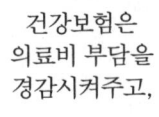

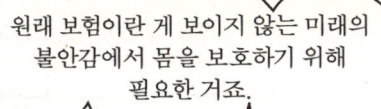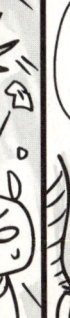

만일의 사태가 발생했을 때 필요한 돈 - 의료보험

info
의료보험에 가입하기 전에

공적보험이란
사적보험에 가입하기 전에 공적보험을 재검토해서 정말 필요한 보장액을 계산해봅시다. 저축해놓은 돈도 있고, 공적보험의 보장으로 충분하다면 무리하게 사적보험에 가입할 필요는 없습니다.

공적보험의 종류

공적보험
- 국민건강보험
- 연금보험(국민연금, 공무원연금, 사학연금, 군인연금)
- 고용보험
- 산업재해보상보험

*우리나라의 경우 노인장기요양보험은 국민건강보험에 통합되어 관리되고 있습니다.

직업에 따라 가입하는 보험의 차이

	직장인	공무원	자영업
의료	국민건강보험	국민건강보험	국민건강보험
산업재해	산재보험	공무원연급법에 의한 보상	없음
실업	고용보험	없음	고용보험
장기요양	노인장기요양보험	노인장기요양보험	노인장기요양보험
연금	국민연금	공무원연금	국민연금

국민건강보험 가입자의 혜택
1. 무료 건강검진(2년 1회 이상)
- 일반건강검진 : 직장가입자 또는 지역가입자 중 만 41~64세인 사람(지역가입자 중 세대주는 만 19세부터 무료 검진)
- 영유아 건강검진 : 6세 미만의 가입자(전액 공단 부담)
- 암 검사 : 위암, 유방암, 대장암, 간암 검진은 공단이 검진 비용의 90%, 수검자가 10% 부담(자궁경부암 검사는 건강보험공단이 전액 부담)

2. 의료비 자기부담액 경감(요양급여)

요양급여란 건강보험을 통해 지급되는 가장 기본적인 급여로 건강보험 가입자(직장가입자, 지역가입자 및 피부양자)가 요양기관(의원, 병원 등 의료기관이나 약국)을 이용하면서 받는 보험 혜택을 말합니다.

- 가입자가 병의원, 약국 등과 같은 요양기관에서 진단, 치료, 재활을 받으면 요양기관이 진찰, 검사, 치료에 대한 비용 중 일부를 건강보험공단으로부터 지급받는 형식이지만, 가입자가 보험공단에서 지정한 요양기관이 아닌 비슷한 기능을 수행하는 기관에서 출산을 하거나 개인적으로 장애인 보장구 등 의료기구를 구입하는 경우 개인이 보험공단에 직접 비용을 청구할 수도 있습니다.

* 가입자가 직접 청구 가능한 경우(출산비, 자동복막투석 요양비, 가정산소 치료비, 임신출산 진료비, 장애인 보장구 급여비)

* 국민건강보험의 혜택을 못 받는 경우(다음의 경우에는 비록 치료이지만 건강보험의 혜택을 받지 못하므로 주의하십시오)
- 미용 및 성형과 관련된 진료 : 주근깨, 여드름, 코 성형, 사시교정 등 외모 개선이 목적인 경우
- 예방 진료 : 본인 희망 건강검진, 금연 등 부상이나 질병의 진료를 직접 목적으로 하지 않는 경우
- 그 외 : 보험시책상 요양급여로 책정하기 어려운 경우

고용보험의 혜택

고용보험은 근로자를 두고 있는 모든 사업장에 적용되는 것이 원칙입니다(일부 예외 있음). 대부분의 혜택은 고용보험을 최소 180일 이상 가입한 경우에 받을 수 있습니다.

1. 실업급여

실업자의 생활에 필요한 급여를 지급하여 근로자의 생활안정과 구직활동을 촉진하기 위한 제도로 근로자가 실업했을 때 지급됩니다.

2. 구직급여

연령과 고용보험 가입기간에 따라 급여액이 달라지며 최소 90일에서 최고 240일간 통상임금의 50% 수준을 받습니다.

3. 취업촉진수당
- 조기재취업수당 : 조기재취업이나 사업을 시작한 경우에 받을 수 있으며 조기취업을 할 경우 받지 않고 남은 구직급여분의 50%를 지급받습니다.
- 직업능력개발수당 : 재취업을 위해 직업능력개발 훈련을 받는 경우 훈련비, 교통비, 식대 등을 고려하여 정해진 금액을 지급받습니다.

4. 육아휴직급여
육아휴직 중에 지급되며 통상임금의 40% 수준이 지급됩니다. 월별 100만~50만 원 한도이며 사업장 관할 고용지원센터에 신청하면 받을 수 있습니다.

5. 출산 전후 휴가급여
여성 근로자는 출산 전후 합쳐서 90일의 보호휴가를 사용할 수 있으며 우선지원대상사업장(주로 소기업)의 경우 90일분의 통상임금을 고용보험에서 지급받을 수 있고 대기업의 경우 60일분은 사업주가, 30일분은 고용보험에서 지급합니다. 출산 전후 휴가급여의 상한액은 405만 원이며 하한액은 90일분의 최저임금액입니다.

산재보험의 혜택

근무 중이나 통근 중에 일어난 부상이나 질병에 대해 치료비나 임금을 보장해줍니다. 보험료는 사업자가 부담합니다.

연금의 혜택

노령연금, 유족연금, 장애연금 등 세 종류의 급여혜택이 있습니다.

사적보험을 고를 때의 포인트

지금까지 공적보험을 살펴봤는데 이것만으로 부족한 점이 발견됐다면 사적보험으로 보충합니다. 보험 선택에 실패하지 않기 위해서라도 자신이 가입하려는 (가입한) 보험을 체크해봅시다. 언제 얼마나 보장받는지 알지 못해서 필요할 때 소중한 보험금이나 급여를 청구하지 못하는 경우가 생겨서는 안 되겠지요. 보험을 선택할 때 필요한 것은 두 가지입니다.

- 목적을 확실하게 정할 것
- 만일의 사태에 얼마나 필요한지 생각해볼 것

사적의료보험료의 타입

	정액형 의료보험	실비형 의료보험
보장 내용	건강보험은 약관에 명시한 질병에 대해 고액의 치료비를 정액으로 지급합니다.	의료실비보험은 일단 의료비가 발생하면 실제 사용한 의료비 중 일부만 보장해줍니다.
암, 뇌출혈, 심근경색 등의 중대한 질병	약관에 명시한 암 등 중대한 질병이 발생하는 경우 1. 진단비 : 보통 1,000만~3,000만 원 2. 입원비 : 보통 하루당 5만~15만 원 3. 수술비 : 보통 200만~1,000만 원 고액의 치료비를 건강보험에서 지급하므로 큰 병에 강한 것이 장점입니다.	국민건강보험 공단의 급여혜택을 받고 남은 자기부담금의 80~90%를 지급합니다. 따라서 장애가 발생하더라도 실제 치료비가 발생하지 않는 한 실비형 보험에서 지급되는 보험금은 없습니다. 단, 실비형 보험의 경우 상대적으로 낮은 보험료로 가입할 수 있지만 연령이 올라가면서 갱신형 보험료가 같이 높아지는 경우도 있으므로 가입 시 충분히 고려해야 합니다.
수술비, 입원비, 통원비	수술 종류에 따라 정해진 금액을 지급합니다. 보통 1~5종으로 수술을 구분하며 1종은 가벼운 수술, 5종은 중대한 수술로 구분하여 정해진 금액을 지급합니다.(통상 30만~1,000만 원) 입원비는 하루당 정해진 금액(통상 1만~10만 원)을 입원일자에 따라 지급합니다. 통원비 또한 비슷한 수준입니다.	
장애	실제 치료비와 관계없이 장애등급에 따라 정액을 지급하며 일시금 형태와 연금 형태가 있습니다.	
보험료	보험료가 납입기간 중 변동이 없는 비갱신형과 갱신형이 있습니다.	주로 갱신형이 대부분입니다.

사적의료보험을 고를 때의 포인트

우리나라의 공적의료보험은 가입자의 입장에서 상당히 잘 디자인된 것으로 평가받고 있습니다. 그럼에도 대부분이 치료비 중 일부 보장에 그치고 있어, 현실적으로 질병이나 부상으로 인해 직장생활이나 사업을 지속하기 어려운 경우에는 기본적인 생활을 유지하기 어려워지고, 혹 국민건강보험의 비급여 항목이 많은 진료를 받게 되는 경우 재정적 파산 위험에 직면할 수도 있어 사적의료보험의 필요성은 갈수록 높아지고 있습니다.

하지만 막상 보험에 가입하려고 알아보면 종류가 너무 많고 보험료도 제각각이라 뭐가 뭔지 헷갈릴 때가 많습니다. 보험상품은 많지만 간단히 구분하면 다음과 같이 네 가지로 구분할 수 있습니다.

구분	내용
생명보험	사망 시 유가족에게 보험금 지급. 사망 원인을 따지지 않는 일반사망보험과 사고로 인한 사망만 보장하는 재해사망보험이 있음.
장애보험	장애등급 판정 시 향후 생활비 보장. 일시금으로 받는 형태와 생존 시 연금으로 받는 형태가 있음. 상해보험 등이 여기에 해당. 최장 80세까지 보장.
중대한 병 보험	암, 뇌출혈, 심근경색 등 중대한 병 발생 시 진단비와 치료 목적의 수술·입원비 등을 보장. 암 보험 등이 여기에 해당. 최장 80세까지 보장.
건강의료보험	질병이나 부상 진료를 위한 병의원, 약국에서 발생하는 수술비, 입원비 등의 의료비 보장. 본인 의료부담금의 일부를 보장하는 실손의료보험과 주로 정액제로 보장하는 수술비특약, 입원비특약 등이 여기에 해당. 보통 80세까지 보장되지만 최근에는 100세까지 보장하는 경우가 늘어나고 있음.

＊보험료와 가계 생활비의 균형

대부분의 보험상품은 짧게는 5년에서 길게는 30년간 장기간 납입해야 하므로 보험료와 가계 생활비가 균형을 잘 이루어야 합니다. 대다수의 전문가는 보장성 보험료의 경우 월 평균 실제 수입의 10%를 넘지 않는 것이 좋다고 합니다.

＊잘 설계된 한 개의 보험상품으로 마무리하는 것이 효율적

암 보험, 상해보험, 실비의료보험, 생명보험을 각각 따로 가입하면 대부분 한 개의 종합보험에 가입하는 것보다 보험료를 더 많이 내게 됩니다. 따라서 위에서 설명한 네 가지 보장을 모두 포함하는 한 개의 종합보험에 가입하는 것이 효율적입니다.

적정한 사이즈의 생명보험을 주계약으로 하고 장애, 중병, 건강보험 등은 특약 형태로 정액형과 실비형을 필요한 만큼 적절히 섞어 가입하는 것이 좋습니다.

의료비 공제란

지난 1년간 의료비 지출이 발생한 사람에 대해 소득세를 환급해주는 제도입니다.

대상 우리나라는 근로자 본인과 생계를 같이하는 부양가족이 지출한 의료비만 해당됩니다.

공제내용 지난 1년간 발생한 의료비 중 총 급여액(연봉)의 3%를 초과하는 금액에 대해 700만 원 한도로 공제받을 수 있습니다.
예) 총 급여액이 3,000만 원인 직장인이 지난해에 자녀 의료비를 500만 원 지출한 경우 : 500만 원 - (3,000만 원 × 3%) = 500만 원 - 90만 원 = 410만 원(공제액)

공제신청절차 연말정산 신고할 때 의료비 영수증을 지정한 서류들과 함께 제출.(아래 내용 참조)

의료비 항목	제출서류	발급처
병의원 의료비	• 진료비영수증(계산서) • 진료비납입확인서	의료기관
약국 의료비	• 약제비영수증(계산서) • 약제비납입확인서	약국
장기요양급여 본인부담금	• 장기요양급여이용명세서 • 장기요양급여비납부확인서	요양기관
안경, 콘택트렌즈 구입비	• 구입영수증(사용자 성명, 시력교정용임을 안경사가 확인한 영수증)	안경점
보청기, 장애인 보장구 구입비	• 구입영수증(사용자의 성명을 판매자가 확인한 영수증)	판매처
의료기기 구입, 임차비	• 처방전 • 의료비영수증(의료기기명이 기재된 영수증)	의료기관/판매처/임대처

만일의 사태가 발생했을 때 필요한 돈 - 생활보험

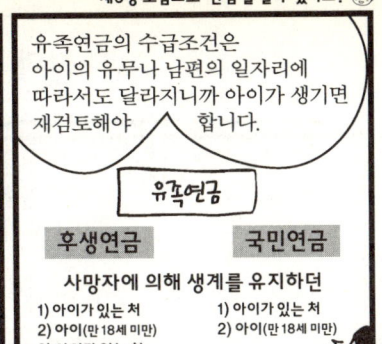

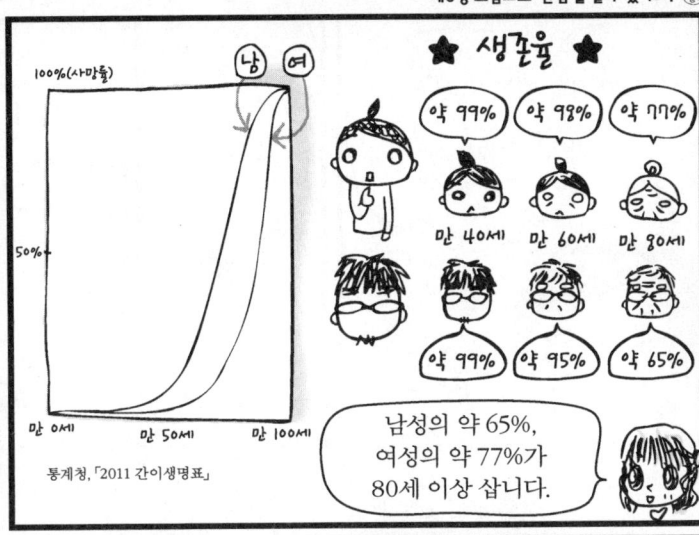

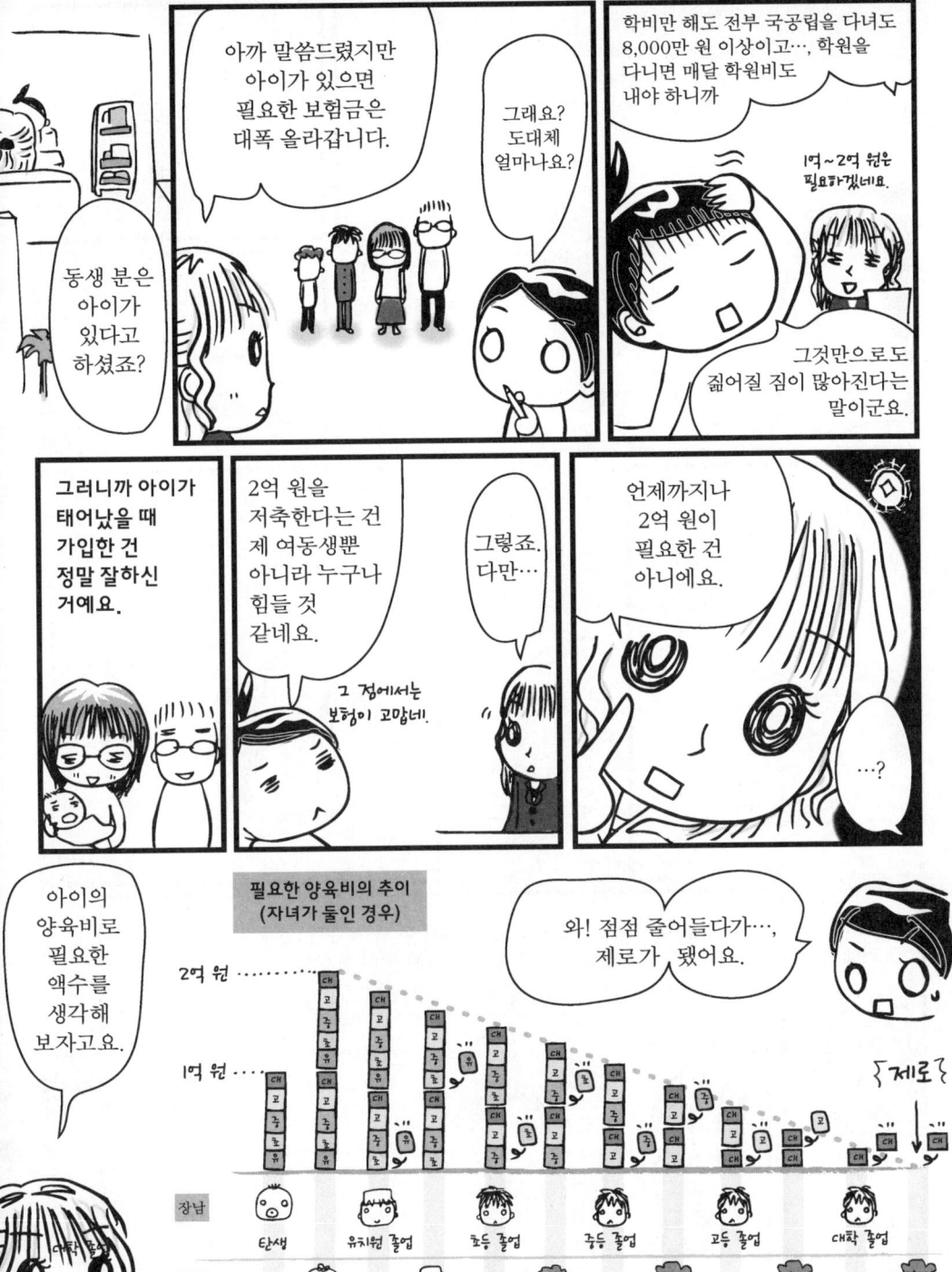

info
생명보험에 가입하기 전에

국민연금의 유족연금제도가 생명보험을 대체할 수 있을까?

국민연금을 수급하는 한 가지 형태로 유족연금제도라는 것이 있습니다. 이것은 국민연금 가입자가 국민연금 가입기간이나 국민연금 수급기간 중 사망했을 경우 그와 생계를 같이하는 유가족에게 유족연금이나 일시금을 지급하여 생활안정을 돕는 제도를 말합니다.

유족연금의 수급조건

가입자가 사망한다고 모든 유족이 유족연금의 혜택을 받는 것은 아닙니다. 가입자의 사망으로 소득보장이 필요한 유족, 즉 배우자, 자녀(18세 미만 또는 장애2급 이상), 부모(60세 이상 또는 장애2급 이상), 손자손녀(18세 미만 또는 장애2급 이상), 조부모(60세 이상 또는 장애2급 이상)의 순으로 최우선 순위자에게 지급됩니다. 그리고 위 유족연금 대상이 없거나 보험료 미납액이 전체 가입기간의 1/3 이상으로 유족연금의 지급이 곤란할 경우에는 일시금을 지급하고 있습니다.

여기서 우리가 알아야 할 것은, 가입자가 사망 후 배우자가 유족연금을 수령하더라도 나중에 배우자가 취직을 하여 소득이 발생하면 유족연금 지급이 중지되는 등 지급제한 요건이 많다는 점입니다. 따라서 가족 구성원의 사망으로 인한 유가족의 생활보호를 위해서는 생명보험 가입을 적극적으로 검토하는 것이 좋습니다.

생명보험을 고를 때의 포인트

생명보험을 고를 때 포인트로 삼아야 하는 것은 두 가지입니다.

- 남은 가족을 위해 얼마나 필요한가?
- 언제까지 필요한가?

기본이 되는 것은 다음 공식입니다.

가족에게 필요한 돈 － 지금 있는 돈(저축)＋앞으로 들어올 예정인 돈(유족연금 등)

＝ 보험에서 필요한 액수

생명보험의 종류

생명보험은 그 종류가 다양할 것 같지만 그 구조는 대략 세 가지로 나눌 수 있습니다.

- **정기보험**
  보험기간 내에 사망했을 경우 사망보험금이 지급됩니다. 보험기간 만료 시까지 생존한 경우에는 보험료를 환불받지 못하기 때문에 보험료가 쌉니다.

- **종신보험**
  사망보장이 평생 지속되는 보험. 도중에 해약해도 해약반환금을 받을 수 있기 때문에 보험료가 비쌉니다.

- **양로보험**
  보험기간 내에 사망했을 경우에는 사망보험금을 받고 만기가 되면 만기보험금을 받을 수 있습니다. 정기보험에 저축 기능이 추가된 보험이기 때문에 보험료가 비쌉니다.

생명보험의 주의사항

앞서 말했던 계약을 이미지로 나타내면 오른쪽 그림과 같습니다. 생명보험에 특약을 붙이면 다음과 같은 상황이 발생합니다.

- 주계약이 종료되면 특약도 사라진다.
- 비교적 싼 가격에 계약을 맺을 수 있다.

그렇기 때문에 불필요한 특약을 많이 붙이지 않도록 주의해야 합니다.

- **특약이란**

생명보험은 자신에게 맞도록 조합을 할 수 있어서 정기와 종신, 양로 중 어느 하나에 특약을 붙이는 경우가 많습니다.

예 : 주계약 「종신보험」 + 특약① 「의료보장」 + 특약② 「정기보험」

① 병이나 부상도 걱정이니까.

② 아이가 독립할 때까지 책임이 무거운 시기에는 비상사태에 대비한 보장을 든든하게 받고 싶다.

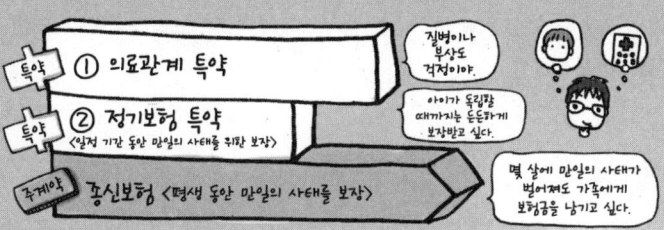

보험의 납입 방법

생명보험회사에 납입하는 보험료의 납입기간, 방법, 경로는 다양합니다.
납입기간이 바뀌면 납입 총액도 바뀌게 됩니다.

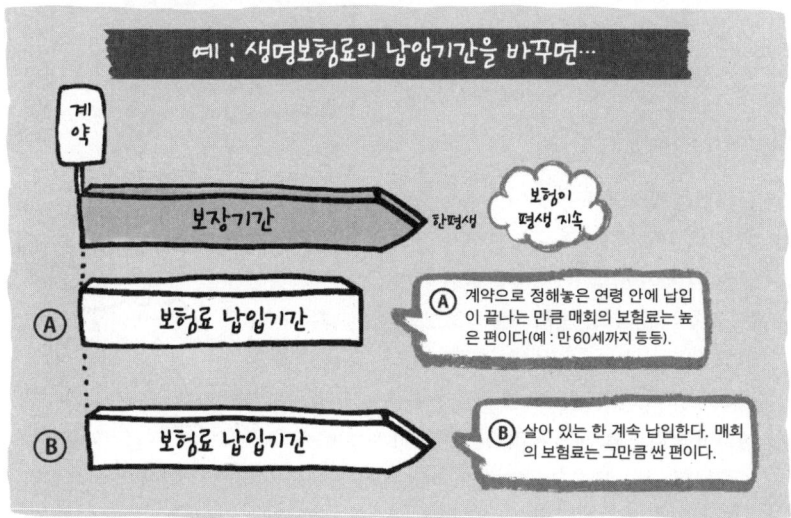

보험 납입의 종류

- 매달 납입
- 상·하반기 납입
- 매년 납입
- 선납(내고 싶은 보험료만큼 미리 납부)
- 일시 납입(보험료 전부를 일괄적으로 납입)

납입 방법에 따라 보험료를 할인받는 경우도 있습니다. 보험에 가입할 때는 그 점도 체크해둡시다.

갱신형 보험

10년, 15년처럼 일정 기간을 보장하는 정기보험 중에는 '갱신형' 타입이 있습니다. 갱신형의 경우 보험 기간이 종료된 뒤에도 건강상태와 관계없이 지금까지와 똑같은 보장 내용과 보장액으로 계약이 자동 갱신됩니다. 다만 보험료는 갱신 시 연령에 따라 다시 계산되는데, 보통 갱신 전보다 높아집니다(별다른 말이 없으면 일반적으로 자동 갱신됩니다. 계약을 바꾸고 싶다면 갱신 전에 신청해야 합니다).

※계약이 끝날 때까지 갱신이 없는 전기형도 있습니다. 보험 기간 동안 보험료나 보장액은 차이가 없지만 계약할 때의 보험료는 갱신형보다 비쌉니다.

특수한 생명보험 ①

- **단체신용생명보험**

내 집의 대출금을 모두 상환하기 전에 생계를 책임지고 있는 가장이 사망하는 경우 남은 대출금은 유가족에게 큰 고통이 됩니다. 단체신용생명보험은 이 남은 대출금액을 완제해주는 생명보험 상품입니다. 대출금의 잔고

갱신일을 잊지 말자.

가 보장액이 되므로 햇수를 거듭할수록 보장액은 줄어듭니다. 일본에서는 '단체신용생명보험'이라 불리지만 한국에서는 다음에 소개하는 체감정기보험을 생명보험 가입 시 특약으로 추가하면 적은 보험료 부담으로 대출금 상환의 부

담에서 벗어날 수 있습니다.

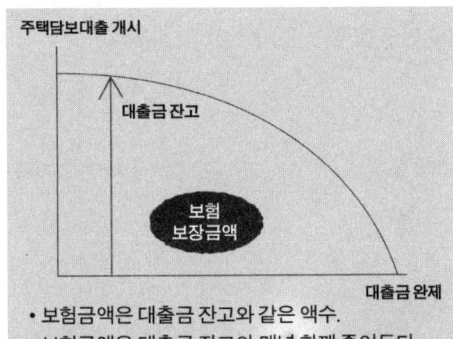

- 보험금액은 대출금 잔고와 같은 액수.
- 보험금액은 대출금 잔고와 매년 함께 줄어든다.
- 기간은 주택담보대출의 계약일에서 완제시까지다.

특수한 생명보험 ②

• 체감정기보험

체감정기보험이란 정기보험의 한 종류인데, 보험기간 동안 보험료는 일정하지만 보장금액이 조금씩 줄어드는 것을 말합니다. 어린아이가 있고 보장액이 크게 필요할 때는 보장을 든든하게 만들고, 아이가 성장해서 독립할 무렵에는 필요 최소한의 보장액으로 축소하는 합리적인 보험입니다. 보통의 정기보험보다 매달 내는 보험료가 쌉니다.

※ 30세 남성의 경우(보험금액 1억 원 기준)

	보험료	보험기간
종신보험	매달 136,500원	종신
체감정기보험	매달 9,000원	20년
일반정기보험	매달 15,000원	20년

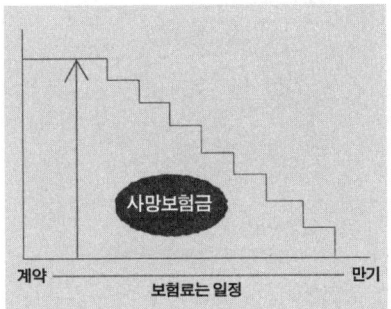

보험을 재검토할 때

계절이 바뀌면 옷을 갈아입는 것처럼 보험도 마찬가지입니다.
계절에 맞춰 제대로 된 옷을 입는 것이 이상적입니다.

아이가 태어났을 때

아이가 성인이 될 때까지는
만일의 사태에 대비하고 싶다.

아이가 경제적으로 독립할 때

아이에게 들어가는 돈이
없어진다.

집을 샀을 때

체감정기보험에 가입하면
사망 후 필요한 금액은 줄어든다.

일을 그만뒀을(은퇴) 때

라이프스타일의 변화에 따라
자신에게 맞는 보험을 든다.

제6장 불안한 노후

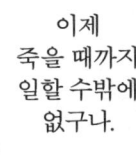
이제 죽을 때까지 일할 수밖에 없구나.

하지만 가게가 망하면 우리가 일할 곳은 없을 것 같은데?

그러니까 일찍 죽어야 해요.

오래 사는 건 비극이에요.

잠깐 히로에! 너 그런 말이 어디 있어?

그럼 나오미 선배는 노후를 생각하고 있나요?

나?

나는 어떻게 되든 상관없어.

딸애가 잘 커주면 돼.

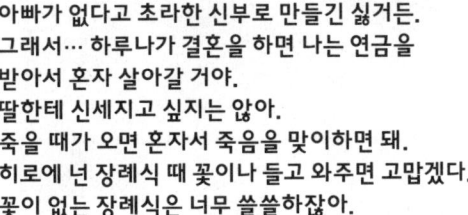
아이 결혼자금쯤은 모을 수 있어.

아빠가 없다고 초라한 신부로 만들긴 싫거든.
그래서… 하루나가 결혼을 하면 나는 연금을 받아서 혼자 살아갈 거야.
딸한테 신세지고 싶지는 않아.
죽을 때가 오면 혼자서 죽음을 맞이하면 돼.
히로에 넌 장례식 때 꽃이나 들고 와주면 고맙겠다.
꽃이 없는 장례식은 너무 쓸쓸하잖아.

연금은 노후자금의 기초

연금은 18세 이상이라면 누구나 가입하는 사회보장제도입니다. 그리고 직업이나 일하는 방식에 따라 그 내용이 달라집니다.

직장인은 직장가입자가 되고, 자영업자나 프리랜서는 지역가입자가 됩니다.

직업과 무관하게 신고소득액의 9%를 내는데, 직장인은 회사가 절반을 부담하지만 지역가입자 및 임의가입자는 본인이 전액을 부담합니다.

직업에 따라 결정되는 연금으로는 공무원연금, 군인연금, 사립학교 교직원연금 등이 있고요.

info
공적연금에 대하여

연금 문제가 뉴스거리가 된 후 연금에 대한 불안감은 일시적으로 높아졌지만 노후 계획을 세울 때는 기본적으로 연금을 염두에 두어야 합니다. 공적연금이란 민간생명보험회사의 연금과 민간기업의 기업연금에 비해 국가나 공적기관이 행하는 연금제도를 총칭합니다. 우리나라의 공적연금제도에는 일반적인 국민들을 대상으로 하는 국민연금 외에 공무원연금, 군인연금, 사립학교 교직원연금 등이 있습니다. 각각의 연금제도는 도입 시기와 배경이 다르고 보장하는 범위도 다릅니다.

공적연금

	(기업연금)			
국민연금	국민연금	공무원연금	군인연금	사학연금
기초노령 수급연금	기초노령 수급연금	기초노령 수급연금	기초노령 수급연금	기초노령 수급연금
개인사업주	직장인	공무원	군인	교사, 교수 등

*기업연금 : 예전의 퇴직금제도가 최근 기업연금제도로 바뀌고 있습니다. 이는 근무하던 회사가 도산하는 경우 퇴직금을 받지 못하는 위험을 없애기 위해 직장인의 퇴직금을 사내가 아닌 사외의 금융기관에 맡겨 직장인 퇴직금을 보호하기 위한 제도입니다. 확정기여형(DC), 확정급여형(DB), 기업형 IRA 등의 형태가 있습니다.

1. 기초노령수급연금

기초노령연금은 국민연금과 별도로 국민연금 납입 여부와 관계없이 소득 하위 70%의 만 65세 이상인 모든 노인에게 지급되는 노인복지정책 중 하나입니다.

1) 수급 조건 : 2012년 현재 소득인증액이 월 78만 원 이하인 1인노인 가구 (부부노인의 경우 128만 4,000원 이하인 가구)
2) 수급액 : 기초노령연금의 수급액은 1인노인 1가구와 부부노인 1가구, 소득인정액에 따라 달라지는데 단독가구는 최대 월 9만 4,600원의 노령연금을 받을 수 있고 부부가구 2인의 경우 최대 15만 1,400원의 기초노령연금을 받을 수 있습니다. 소득인정액에는 보유하고 있는 자산(부동산, 금융자산)도 포함되어 계산됩니다.
3) 문의처 : 65세가 얼마 남지 않았거나 부모님이 있는 사람은 주민센터나 국민연금관리공단에 문의해보시기 바랍니다.

2. 국민연금

국민연금은 만 18세 이상 만 60세 미만 국민이면 가입대상이 되고 최소가입기간 10년을 채웠을 때 해당 연령이 되어 노령연금을 받을 수 있습니다. 가입기간 10년이 되지 않으면 해당 연령이 되었을 때 반환일시금(납부한 보험료+이자)을 받게 됩니다.

출생 연도	수급 연령	조기노령연금 연령	반환일시금수령 연령
1953~1956년생	61세	56세	61세
1957~1960년생	62세	57세	62세
1961~1964년생	63세	58세	63세
1965~1968년생	64세	59세	64세
1969년생 이후	65세	60세	65세

도움이 되는 연금 ①

• 국민연금의 조기수령제도

원칙적으로 만 65세가 되어야 받을 수 있는 국민연금도 조기퇴직으로 인해 소득이 없을 경우, 본인 수령연령보다 최대 5년을 앞당겨 수령할 수 있습니다.
다만, 일찍 받는 기간 1년당 6%(5년을 먼저 받을 경우 30%)가 줄어든 금액을 수령하기 때문에 잘 생각해보고 신청해야 합니다.

만 60세	만 61세	만 62세	만 63세	만 64세	만 65세
70%	76%	82%	88%	94%	100%

• 국민연금의 연기연금제도

조기연금 수령이 가능한 것처럼 경제적으로 여유가 있다면 연금지급 연기를 신청할 수도 있습니다.

만 66세	만 67세	만 68세	만 69세	만 70세	만 71세
107.2%	114.4%	121.6%	128.8%	136.0%	143.2%

이 연기연금제도는 당초 일정 금액 이상의 소득이 있는 수급자에 한해 신청을 받았지만 2012년 이후로는 65세 미만의 노령연금 수급자 전체로 확대 시행 중입니다. 1년 미룰 때마다 7.2%를 증액해서 지급해줍니다. 연금 수령 시기에 경제적 여유가 있다면 연기연금제도를 적극적으로 검토하는 것이 좋습니다.

먼저 받을까, 나중에 받을까?

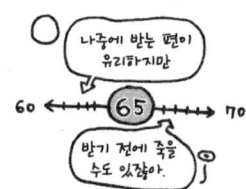

나중에 받는 편이 유리하지만 받기 전에 죽을 수도 있잖아.

도움이 되는 연금 ②

- **국민연금 담보대출제도**

국민연금 대출이란 가입한 국민연금을 담보로 일정액을 저금리로 대출받을 수 있는 제도입니다. 한도금액은 500만 원으로 소액이지만 간혹 급히 몇백만 원이 필요할 때 은행 대출은 어렵고 신용카드론은 이자가 높아서 망설여질 때 유용합니다. 하지만 국민연금은 노후생활 안정이 첫 번째 목표이기 때문에 가입되어 있다고 누구나 대출을 받을 수 있는 것은 아닙니다. 대출자격과 대출용도가 엄격히 정해져 있어서 꼭 필요한 사람만 대출을 받을 수 있습니다.

1) 신청자격 : 국내에 거주하는 만 60세 이상의 국민연금 수급자로 노령연금, 유족 및 장애(1~3급)연금 수급자

2) 대출목적 제한
① 의료비 : 수급자 및 배우자의 의료비
② 배우자 장례비 : 수급자 배우자의 장례비
③ 전·월세 자금 : 주택임차보증금(매매는 안 됨)
④ 재해복구비 : 천재지변, 자연재해

3) 대출한도액 : 연간 국민연금 수령액의 두 배 한도 내에서 최고 500만 원

4) 문의처 : 국민연금관리공단

노후에 필요한 돈을 불리자

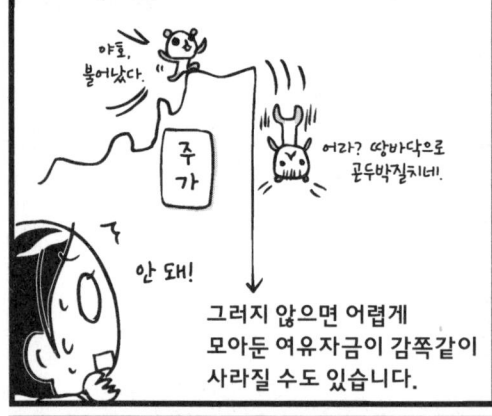

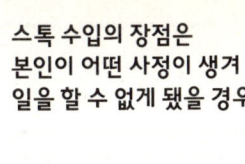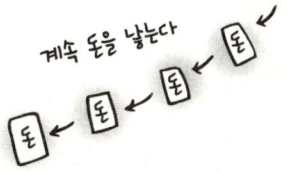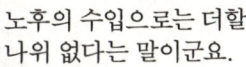

나의 불안감뿐만 아니라
소중한 사람의 불안감도 해소해주는군요.

제7장 아이를 키우는 힘

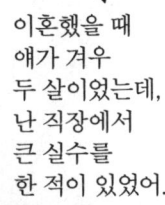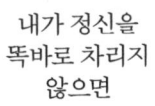

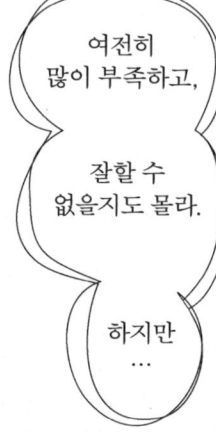

아이에게 들어가는 돈

무리인 것 같아?

우리 둘만 살기도 벅찬데 아무래도 무리가 아닐까 싶어요.

모두 국공립을 다녀도 교육비만 8,000만 원 이상은 들잖아요.

솔직히 말씀드리면…, 낳는 건 할 수 있을 것 같아요.

출산은 건강보험의 적용을 받지 않으니까 돈이 상당히 많이 든다는 이미지가 있지만 사회보험수당을 받거나 의료비 공제도 있고…

출산으로 받을 수 있는 돈

- 건보 | 고운맘 카드 (40만 원 한도)
- 고용보험 | 출산 전후 휴가급여(최저임금액~405만 원) 육아휴직급여(50만~100만 원)

출산에 드는 돈

- 입원과 분만비
- 출산준비금

※상세 내용은 241쪽 참조.

만일의 경우에는 비용을 충당해 준다는 걸 알게 돼서

입원과 수술이 필요하면

임신중독증이나 제왕절개를 하는 경우 건강보험이 적용되어 자기부담 20% 이하의 의료비로 OK.

입원비를 낼 수 없다면

건강보험공단의 출산지원금 (고운맘 카드)으로 지불하고 차액 지불만으로 OK.

많이 불안하지는 않지만…

사산이나 유산했을 경우

임신 경과 기간에 따라 출산 전후 휴가를 받을 수 있음.

제7장 아이를 키우는 힘

문제는 키울 때 드는 돈이란 말이지?

아이와 관련된 수당에 대해서는 조사해봤겠지?

보육료 지원과 양육수당 지원제도
만 0~5세 어린이집을 이용하는 영유아 가정에 보육료를 지원하는 제도. 양육수당 지원제도는 어린이집 및 유치원을 이용하지 않는 저소득 가정에 지원.

※자세한 내용은 242쪽에서.

예, 생활비는 어떻게든 마련될 것 같지만.

문제는 교육비예요.

학원을 많이 다녀야 하니까…

경제적인 이유로 아이의 재능을 살려주지 못해서는 안 된다는 생각이 들어서요.

그러다 보면 아무래도 전 부모 될 자격이 없는 건 아닌가 싶어요.

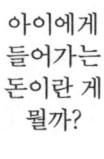

흠.

잠깐, 여기서 질문.

아이에게 들어가는 돈이란 게 뭘까?

필요한 것은 돈, 그리고…

글쎄다, 네가 입원했던 일 기억나니?

엄마는 일을 쉬지도 못하고 밤새 네 옆에 붙어서 간호를 했잖아.

하지만 당시에는 해야 할 일을 한 것뿐이야.

할 수 있느냐 없느냐는 생각을 할 틈도 없었어.

그러니까 그게 그렇게 엄청난 일은 아니란 말이지.

하지만 이 악물고 억척스럽게 일을 했잖아.

억척스럽게 군 게 아니라

목표를 세우고 그만큼 벌자고 정했지.

그것뿐이야.

목표
...

필요한 돈
...

많은 사람들에게서 가르침을 받은 지금

어쩐지 할 수 있을 것 같기도 하다.

나...,
부모가 돼도 괜찮겠지?

info
알아두자! 출산·육아 지원제도

1. 임신출산 지원제도-고운맘카드

임신한 사실을 알게 된 순간! 기쁨도 잠시 우리는 다시 경제적인 논리로 고민하기 시작합니다. 실제로 임신 후 출산까지 매달 한 번 정도는 병원을 찾게 됩니다. 각종 검사와 함께 의료보험 혜택을 받을 수 없는 비급여진료로 인해 부담이 생기는데, 임산부에게 부담이 되는 검진·출산비를 지원하는 제도가 바로 임신출산 진료비 지원 전용카드(고운맘 카드)입니다. 무엇보다 반가운 것은 임산부라면 모두 해당된다는 사실입니다.

1) **지원범위** : 임신출산 진료비 및 입원비. 출산 전후 산모의 건강관리비(국민건강의료보험 급여·비급여진료 모두 포함)
2) **지원방법** : 발급받은 고운맘 카드로 지정요양기관에서 본인부담금 부분을 결제
3) **지원금액** : 40만 원 한도(단, 1일 결제금액 6만 원 이내)로 2013년 50만 원으로 인상 계획임
4) **사용기간** : 카드 수령 후 분만예정일 다음 날로부터 60일까지 사용 가능
5) **신청기관** : 국민은행 지점, 국민건강보험공단, 우체국
6) **제출서류** : 건강보험 임신출산 진료비 지원신청 및 임신확인서(신청서에 임신확인란을 병원에서 기재 후 신청)
7) **신청인** : 임산부 또는 그 가족

*그 외에도 거주하는 지역별로 둘째 자녀 출산 시 100만 원을 지급하는 등 여러 가지 정책을 지원하고 있으므로 보건복지부 '마음 더하기 정책 포털'(http://momplus.mw.go.kr/main.do)을 방문하여 지원 혜택을 확인해보시기 바랍니다.

2. 보육료 및 양육수당 지원제도

만 0~5세 어린이집을 이용하는 영유아 가정에 보육료를 지원하는 제도입니다. 양육수당은 어린이집 및 유치원을 이용하지 않는 저소득 가정에 지원됩니다.

※ 보육료 및 양육수당 지원금의 예

연령	보육료	양육수당
만 0세	39만 4,000원	20만 원
만 1세	34만 7,000원	15만 원
만 2세	28만 6,000원	10만 원
만 3~5세	22만 원	10만 원

보육료를 지원받기 위해서는 보육료 지원신청을 하고 아이사랑카드(어린이집), 아이즐거운카드(유치원)를 미리 발급받아야 합니다. 주민센터를 직접 방문하거나 인터넷 사이트 복지로(www.bokjiro.go.kr)에서 온라인으로 보육료 지원을 신청하면 됩니다. 양육수당도 주민센터나 복지로 사이트에서 신청하면 되고, 신청 시 입금받을 계좌를 등록하면 해당 계좌로 양육수당이 입금됩니다(양육수당은 카드를 발급받지 않아도 됩니다).

*보육료 및 양육수당 지원제도는 매년 변경되므로 상세한 내용을 알고 싶다면 거주지 주민센터 복지과에서 방문상담을 받거나, 복지로 사이트를 참조하기 바랍니다. 정부의 지원은 무조건 적용되지 않고 신청하는 사람에게만 혜택이 돌아갑니다. 해당되는 지원제도를 꼼꼼하게 파악해 부지런히 신청하는 사람만 혜택을 누릴 수 있답니다.

3. 워킹맘을 위한 제도(고용보험)

1) 육아휴직급여

육아휴직을 하는 동안 통상임금의 40% 수준이 지급됩니다. 이 금액은 월별 상한액이 100만 원이고 하한액은 50만 원입니다. 사업장 관할 고용지원센터에 신청하면 지급받을 수 있습니다.

2) 출산 전후 휴가급여

여성 근로자는 출산일 전후를 합쳐 90일간 보호휴가를 사용할 수 있습니다. 우선지원대상사업장(주로 소기업)의 경우 90일분의 해당 통상임금을 고용보험에서 지급받을 수 있고 대기업의 경우 60일분은 사업주가, 30일분은 고용보험에서 지급합니다. 출산 전후 휴가급여의 상한액은 405만 원이며 하한액은 휴가일수 기간분의 최저임금액입니다.

Q. 유산이나 사산을 했을 때도 출산 전후 휴가를 받을 수 있나요?
A. 아래와 같은 혜택을 받을 수 있습니다.

구분	휴가 기간
임신 11주 이내	5일
임신 12~15주	10일
임신 16~21주	30일
임신 22~27주	60일
임신 28주 이후	90일

에필로그 **돈보다 소중한 것**

왜 깜깜한지를 모른 채 두려운 마음으로 조심스럽게 한 걸음씩 내딛습니다.

그러다 보면 언젠가 밝아질 거라고 굳게 믿고 있습니다.

하지만 그 언젠가가 언제…?

이건 잘못 됐어.

중요한 것은 비율!
파악을 해야지!

손님을 더 늘리도록 해.
진정한 가치를 발견해.

주변 사람들의 조언이 나를 비춰줬고

맺음말 1 우다 히로에

돈과 친해지지 않을래요?

숫자에 약하다. 복잡한 건 생각하고 싶지 않다.
내일은 내일의 바람이 분다!
이런 성격이었던 제가 돈에 관한 코믹 에세이를 그리다니.
예전의 나였다면 "돈 얘기는 어려워서 못할 것 같아요"라고 도망쳤을 것입니다.
하지만 편집자한테서 이 책에 관한 이야기를 들었을 때,
마침 저는 「프롤로그」에서 말했듯이 돈의 위기에 직면해 있었습니다.
'어떻게든 하긴 해야 할 텐데, 어떻게 해야 좋을지 모르는' 상태였지요. 그런 와중에 지푸라기라도 잡는 심정으로 이즈미 씨의 이야기를 듣게 됐습니다.
그리고 도저히 걷어낼 수 없었던 뿌연 안개가 제 눈에서 걷혔습니다.
제 눈에서 안개가 걷혔던 것처럼, 이 책을 통해 많은 분들의 안개가 걷혔으면 하는 바람이 생겼고, 돈에 관한 이야기를 전해드리고 싶어졌습니다.
저는 이번 경험을 통해 부쩍 성장한 것 같습니다.
하지만 돈에 대해 완전히 안다고 말하기엔 여전히 부족한 게 많습니다.

이 책을 읽어주신 분들에게 도움이 된다면 저는 더 이상 바랄 것이 없습니다.

마지막으로……

무지한 저에게 자상하고 자세하게 이야기를 들려준 이즈미 씨.

전문적인 이야기를 알기 쉽게 해준 신야 씨.

돈에 무지한 저를 포기하지 않고 솔직하게 돈 이야기를 들려준 친구, 가족, 손님들.

만화를 도와준 가호 씨와 마나미 씨.

할 수 있는 거라곤 절약밖에 없었던 제게 마침 고맙게도 돈 이야기를 준비해준 편집부의 나가이 씨.

정말로 고맙습니다.

그리고 마지막까지 읽어주신 독자 여러분, 정말 감사합니다.

여러분 모두 평생 돈과 친하게 지내며 행복하게 살아가시기 바랍니다!

맺음말 2 이즈미 마사토

더 늦기 전에 돈의 교양을 쌓으세요

하고 싶은 일을 자유롭게 하고 싶다.
맛있는 것을 먹고 싶다.
멋진 곳으로 여행을 가고 싶다.
부모님의 마음을 편하게 해드리고 싶다.

이런 생각을 한 적은 없는지요?
지금까지는 '그렇게 되면 좋기야 하겠지만……'이라고 포기했던 꿈들도 다음의 각오를 끊임없이 되새기면 실현할 수 있으리라 생각합니다.

- 감정이 아니라 숫자를 기반으로 삼아서 돈과 사이좋게 사귀기
- 꿈을 실현하기 위해 돈의 교양 쌓기

이 책에서도 이야기했지만 예전의 저 역시 돈에 대한 교양이 전혀 없었습니다. 하지만 모른다고 해서 포기하지 않았고, 몰랐기에 매일 신문을 읽고 공부 모임에 열심히 참가했습니다. 경제와 금융 관련 지식을 쌓기 위해 밥값을 줄이면서 제 자신에게 투자했습니다. 신문을 읽기 시작한 지

처음 몇 개월간은 전문 경제용어를 비롯하여 모르는 말이 너무 많아 제대로 읽을 수조차 없었습니다. 하지만 세상을 보는 시야를 넓히고 지식의 기초체력을 더욱 키우고 싶어서 사전과 참고서로 용어를 하나하나 찾아보면서 꾸준히 읽어나갔습니다. 그러자 서서히 신문기사와 경제의 흐름을 이해할 수 있게 되었습니다.
제가 좋아하는 말이 하나 있습니다.

교육을 많이 받았다고 말하려면 무지를 시험해보는 게 좋다.

끊임없이 공부한 결과 예전의 저로서는 상상조차 할 수 없을 정도로 깊은 지식과 사고력을 갖게 됐고, 결과적으로 크게 성장했다고 느꼈습니다. 신문, 책, 세미나 등을 통해 돈의 교양을 쌓으면 쌓을수록 회사의 도산이나 신체의 질병처럼 갑작스럽게 일어나는 돌발사태에 불안감 없이 대처할 수 있게 되고, 앞서 말했듯 꿈을 실현할 가능성도 높아집니다.
한 사람이라도 더 돈의 교양을 쌓는 데 이 책이 도움되길 바랍니다.

한국어판 감수자의 말 김희재

돈에 대해 공부하면 인생이 달라진다고요?

여건이 허락하는 한 가장 좋은 주택을 구입하는 것이 제일 훌륭한 재테크였던 시절이 있었습니다.
가입한 지 1년도 안 되어 원금의 두 배를 불려주는 해외 펀드가 광풍처럼 몰아쳤던 시절이 있었습니다.
하지만 2013년 현재, 그 시절 구입한 주택은 위치에 따라 30% 이상 가격이 하락하여 수많은 하우스푸어를 만들어냈고, 유망했던 펀드는 아직까지 원금조차 되찾지 못하는 지경에 이르렀습니다.
사람들은 여전히 올해의 유망한 재테크 상품을 찾아다니고 있습니다. 조금만 관심을 기울이면 인터넷 등 디지털 매체와 책을 통해 누구나 자신이 원하는 재테크 관련 정보를 접할 수 있습니다. 이렇게 재테크에 더 많은 시간과 열정을 쏟아부으면 과연 우리의 삶이 풍요로워질까요? 그렇지 않습니다. 재테크보다 먼저 지금 우리가 매달 벌고 있는 돈을 계획하고 사용하는 법을 잘 알아야 합니다. 그러지 않으면 재테크로 조금 번 돈이 정말 허무하고 티도 안 나게 사라져버립니다. 그런 경우를 수도 없이 봐왔습니다.
사람들은 부동산 투자에 관심을 기울이고 주식시장의 동향을 분석하지만 내가 매일 사용하는 일상의 돈에 대해서는 의외로 무심합니다. 따로 공부할 필요가 없다고 생각하는 것이지요. 그런 생각으로 살다가 나이 들어 후회하는 사람이 얼마나 많습니까. 그 후회는 대부분 아래와 같은 돈에 대한 오해에서 비롯됩니다.

1. 수입이 적어서 지금은 관리할 돈도 없다. 나중에 수입이 많이 오르면 그때 알아볼 일.
2. 매달 돈이 부족해서 생기는 불편함은, 버는 돈이 많아지면 자연스럽게 해결된다.
3. 주식이나 펀드, 또는 부동산 투자를 배우는 것이 돈 관리를 잘하는 법이다.

하지만 대부분의 사람들은 『부자 아빠 가난한 아빠』의 저자 로버트 기요사키가 언급했듯 돈의 트랩(덫)에 갇혀 금전적으로 쳇바퀴 인생을 살아갑니다. 결혼 전에 모은 돈은 결혼하면서 대부분 다 쓰게 되듯, 결혼 이후 몇 년간 모은 돈은 그때그때의 삶의 이벤트에 맞춰 또 다 써버리는 악순환을 되풀이합니다. 그 이벤트는 인생에서 계속 발생합니다. 전세보증금도 올려주고 주택담보대출 이자도 납입해야 합니다. 아이가 태어나 초등학교에 입학하고 어느덧 고등학생이 되면 학원비가 크게 늘어납니다. 대학 입시라는 관문을 통과하고 나면 엄청난 등록금에 매달 생활비까지 꼬박꼬박 지출해야 합니다. 그리고 우리는 항상 돈이 없지요.

이렇게 금전적 쳇바퀴 인생을 사는 사람은 가족들 중 누가 아프거나 갑작스런 전세금 인상 등과 같은 약간의 충격에도 삶이 위태로워집니다. 이것이 바로 우리가 재테크가 아닌 돈에 대해 공부해야 하는 이유입니다.

이 책의 주인공은 우리 같은 평범한 사람이지만 누구보다 금전적으로 희망을 품고 살아갑니다. 수입을 관리하는 기본적인 방법부터 주택을 제대로 구입하는 방법, 그리고 사회복지제도를 철저히 공부하여 자신에게 주어진 혜택을 잘 이용하여 돈을 불려갑니다.

이 책은 특별한 재테크 상품을 소개하거나 투자 방법을 알려주지 않습니다. 하지만 우리가 살아가면서 만날 수 있는 금전적인 재앙을 피하는 방법을 아주 현실적으로 알려주고, 항상 불안하고 조급한 마음으로 돈에 얽매이지 않고 자신이 소망하는 행복하고 여유로운 삶을 설계하게끔 도와줄 것입니다.

KI신서 5064
아무도 알려주지 않는 돈 이야기

1판 1쇄 발행 2013년 7월 16일
1판 2쇄 발행 2013년 10월 21일

지은이 우다 히로에 **일본어판 감수** 이즈미 마사토
옮긴이 박현미 **한국어판 감수** 김희재
펴낸이 김영곤 **펴낸곳** (주)북이십일 21세기북스
부사장 임병주
해외사업본부장 김상수 **해외콘텐츠개발팀** 이현정 백은혜
해외기획팀 김영희 송효진 **디자인 표지·본문** 봄의 정원
마케팅영업본부장 이희영 **영업** 이경희 정경원 정병철
광고제휴 김현섭 강서영 **프로모션** 민안기 최혜령 이은혜 유선화
출판등록 2000년 5월 6일 제10-1965호
주소 (우 413-120) 경기도 파주시 회동길 201(문발동)
대표전화 031-955-2100 **팩스** 031-955-2151
이메일 book21@book21.co.kr **홈페이지** www.book21.com
트위터 @21cbook **블로그** b.book21.com

ISBN 978-89-509-5005-7 17320
책값은 뒤표지에 있습니다.

이 책 내용의 일부 또는 전부를 재사용하려면 반드시 (주)북이십일의 동의를 얻어야 합니다.
잘못 만들어진 책은 구입하신 서점에서 교환해 드립니다.